THÈSE

pour

LE DOCTORAT

par

AUGUSTIN MARQUET

AVOCAT A LA COUR IMPÉRIALE D'ORLÉANS

CONCOURS DE 1863

Deuxième prix de Droit Romain
Deuxième prix de Droit Français

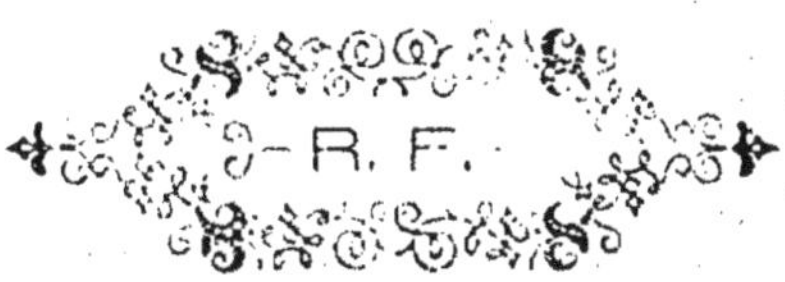

PARIS

ANCIENNE MAISON E. DUJARDIN

RETAUX FRÈRES, LIBRAIRES-ÉDITEURS

13, RUE CUJAS (ANCIENNE RUE DES GRÈS)

1866

FACULTÉ DE DROIT DE PARIS

QUI POTIORES IN PIGNORE VEL HYPOTHECA HABEANTUR

EN DROIT ROMAIN

DE LA PRESCRIPTION
EN MATIÈRE CRIMINELLE
EN DROIT FRANÇAIS

THÈSE POUR LE DOCTORAT

SOUTENUE

le Jeudi 14 Juin 1866 à 9 heures

EN PRÉSENCE DE M. L'INSPECTEUR GÉNÉRAL CH. GIRAUD

PAR

AUGUSTIN MARQUET

Avocat à la Cour impériale d'Orléans

CONCOURS DE 1863

Deuxième prix de droit Romain
Deuxième prix de droit Français

PRÉSIDENT : M. RATAUD, professeur

SUFFRAGANTS MM. PELLAT
DURANTON
DÉMANTE — PROFESSEURS
GIDE — AGRÉGÉ

PARIS

ANCIENNE MAISON E. DUJARDIN

RETAUX FRÈRES, LIBRAIRES-ÉDITEURS

15, RUE CUJAS (ANCIENNE RUE DES GRÈS)

1866

A MON PÈRE, A MA MÈRE

—

PAUCA PRO MULTIS

DROIT ROMAIN

—

QUI POTIORES IN PIGNORE VEL HYPOTHECA HABEANTUR, ET DE
HIS QUI IN PRIORUM CREDITORUM LOCUM SUCCEDUNT

(Dig. lib. xx tit. iv — Cod. liv. viii. tit. xviii et xix)

—

En droit romain, comme en droit français, le
créancier, qui veut se prémunir contre l'insolva-
bilité éventuelle de son débiteur, a deux moyens
d'atteindre ce résultat : il peut, ou se faire donner
des sûretés personnelles (c'est le moyen le plus ancien, mais c'est le moins efficace), ou se faire
donner des sûretés réelles. (Loi 188, § 1 de verb.
sign. Dig.)

Les sûretés personnelles consistent dans l'intervention de certaines personnes qui portent le nom
générique d'*adpromissores* ; les sûretés réelles, dans
l'affectation de certains objets au paiement de la
dette, avec la faculté pour le créancier, s'il n'est
pas soldé à l'échéance, de les vendre et de se payer
sur le prix.

La nécessité de cette affectation dut se faire

sentir de bonne heure à Rome, où les voies d'exécution sur les biens ne furent jamais autorisées qu'exceptionnellement. La rigueur des voies de contrainte personnelle, le désir de la part des débiteurs de s'y soustraire, de la part de certains créanciers de se dispenser d'y avoir recours, amenèrent longtemps avant le système formulaire la création du contrat de *fiducie*. Ce fut le premier mode, le premier procédé employé pour la constitution d'une sûreté réelle. Voici en quoi il consistait.

Le débiteur transférait au créancier la propriété de la chose mobilière ou immobilière, que l'on voulait affecter à la dette ; par la mancipation ou par la tradition, suivant que cette chose constituait une *res mancipi* ou une *res nec mancipi*. La mancipation ou la tradition était accompagnée de la clause de *fiducie*, qui obligeait le créancier à conserver la chose intacte jusqu'à l'échéance , et à la rendre à cette époque si le débiteur effectuait le paiement.

(Gaius com. ii, § 59-60. — Paul sent. liv. ii, tit. xiii, § 1 à 7).

En cas de non-paiement à l'échéance, le créancier avait le droit de vendre l'objet dont il était devenu propriétaire ; ce droit lui appartenait nonobstant toute convention contraire, sauf la nécessité, dans le cas où il y avait renoncé, de faire une sommation au débiteur avant de procéder à l'aliénation. (Paul loc. cit. § 5).

Ce premier mode de constitution d'une sûreté

réelle était très-efficace pour le créancier, mais il présentait de très-graves inconvénients pour le débiteur. Le créancier, en effet, étant devenu propriétaire, pouvait valablement aliéner la chose avant l'échéance : l'échéance arrivée et le paiement effectué, il pouvait refuser de retransférer la propriété. Le débiteur avait bien dans ces divers cas une action *fiduciæ directa* pour se faire indemniser du préjudice qu'il éprouvait ; mais il pouvait se faire qu'il préférât sa chose à une somme d'argent.

L'*usureceptio*, usucapion d'une nature particulière qui s'accomplissait par un an aussi bien pour les immeubles que pour les meubles, paralysait dans une certaine mesure le mauvais vouloir du créancier resté propriétaire de la chose ; mais d'une part, il n'était pas toujours facile au débiteur de recouvrer la possession ; d'autre part, il ne redevenait pas immédiatement *dominus ex jure quiritium*.

Ce fut pour faire disparaître les inconvénients que nous venons de signaler, que l'on imagina à une époque inconnue le gage proprement dit, *pignus*, qui laissait résider la propriété sur la tête du débiteur, et ne transférait au créancier que la possession et le droit aux interdits possessoires. Ce contrat donnait naissance à deux actions : l'action *pigneratitia directa*, qui permettait au débiteur de se faire restituer la possession, dès qu'il avait effectué le paiement ; l'action *pigneratitia contraria*, au moyen de laquelle le créancier obtenait les dommages et intérêts auxquels il pouvait avoir droit.

A l'origine, le créancier n'avait qu'un simple droit de rétention. La faculté de vendre le gage, s'il n'était pas satisfait à l'échéance, ne lui compétait qu'en vertu d'une clause expresse. En l'absence d'une clause de ce genre, l'aliénation l'aurait rendu passible de l'*actio furti*, « *si is qui pignori rem accepit, cum de vendendo pignore nihil convenis et , vendidit, furti se obligat.* » (73 de furtis, Dig. XLVII-II).

On ne tarda pas à se relâcher de cette règle rigoureuse, empreinte d'une évidente réaction contre les aliénations abusives, auxquelles la *fiducie* avait donné lieu. La clause autorisant la vente étant devenue très-fréquente, on commença par la sous-entendre, puis on alla plus loin : le pouvoir de vendre fut considéré comme étant de l'essence même du gage, à ce point que les parties n'auraient pu le supprimer par une convention formelle. Est-ce à dire qu'une convention de ce genre fût absolument dénuée d'effet ? Non, car elle astreignait le créancier à faire trois sommations au débiteur avant de procéder à l'aliénation. Ces trois sommations étaient toujours exigées à l'origine ; mais on avait fini, dans les cas ordinaires, par se contenter d'une seule.

Malgré son évidente supériorité sur le contrat de *fiducie*, le gage présente cependant un double inconvénient. D'une part, il prive le débiteur de la jouissance de sa chose ; d'autre part, il ne lui permet pas d'affecter le même objet, quelle qu'en puisse être la valeur, à la garantie de plusieurs dettes.

Vainement cherchait-on dans la pratique à tempérer le premier de ces vices, en laissant au débiteur la possession à titre précaire ; le remède était insuffisant, car le débiteur restait exposé aux caprices du créancier toujours libre de revenir sur sa concession.

La jurisprudence trouva dans une institution grecque, l'hypothèque, le moyen de concilier tous les intérêts ; la simple convention, indépendamment de toute tradition, devint suffisante pour affecter un objet à l'acquittement d'une obligation, et pour conférer au créancier une action réelle que le *pignus* lui-même était impuissant à lui procurer, et à l'aide de laquelle il pût suivre l'objet grevé entre les mains des tiers détenteurs.

Cette heureuse innovation fut introduite par le préteur Servius, qui vivait quelque temps avant Cicéron, mais pour un cas particulier seulement : celui d'une convention intervenue entre le bailleur d'un fonds rural et le locataire, dans le but d'affecter les instruments de travail et les meubles de ce dernier à la garantie du loyer. L'utilité de l'innovation était manifeste ; il importait, en effet, tout en sauvegardant les droits du bailleur, de ne pas forcer le colon à se dessaisir des objets qui lui étaient indispensables pour l'exploitation du fonds. Il est permis, d'ailleurs, de supposer, ainsi qu'on l'a fait très-judicieusement observer, que la circonstance que ces objets grevés étaient des *res invectæ, illatæ in fundo,* facilita cette innovation, puisqu'on pouvait y voir une espèce de possession.

L'action réelle attribuée au bailleur fut appelée *actio serviana*, du nom du préteur qui l'avait établie.

Les préteurs subséquents, frappés des avantages de l'innovation, la généralisèrent, et accordèrent au créancier, dans tous les cas possibles, une action réelle qui fut appelée Servienne utile, quasi-Servienne ou hypothécaire.

L'hypothèque put être constituée sur toute espèce de biens, meubles ou immeubles, corporels ou incorporels, présents ou futurs.

La création de l'hypothèque améliora la condition du créancier gagiste proprement dit. Comme le *pignus*, en effet, renfermait l'élément principal de l'hypothèque, c'est-à-dire la faculté pour le créancier de vendre l'objet engagé à l'échéance, en cas de non-paiement, et qu'il présentait même une garantie de plus, la possession qui facilitait cette vente éventuelle, on arriva promptement à dire que la remise du gage supposait *a fortiori* la convention d'hypothèque, et devait permettre au gagiste d'intenter l'action quasi-Servienne.

Dès lors il y eut une telle ressemblance entre le gage et l'hypothèque, que les deux expressions furent constamment employées comme synonymes, et que l'action hypothécaire fût fréquemment désignée sous le nom d'*actio pigneratitia in rem*.

Gardons-nous cependant de confondre la ressemblance avec l'identité, et de prendre à la lettre ce texte bien connu du jurisconsulte Marcien :
« *Inter pignus et hypothecam, tantum nominis*

sonus differt. » (L. 5 § 2 de pign. et hyp. Dig). — Ce n'est qu'au point de vue du caractère de l'action, que l'assimilation entre les deux droits peut être regardée comme complète.

Il existe toujours entre le gage et l'hypothèque cette différence essentielle que la première suppose la remise de la possession, tandis que la dernière ne l'implique en aucune façon.

De cette différence caractéristique découlent les quatre différences suivantes :

1° Le gagiste qui perd la possession peut intenter immédiatement l'action servienne. Le créancier hypothécaire ne peut jamais agir avant l'échéance.

2° Le gage ne peut porter sur une chose n'ayant pas une existence actuelle ; il en est différemment de l'hypothèque.

3° L'hypothèque peut être générale, c'est-à-dire qu'elle peut frapper sur l'universalité du patrimoine ; le gage est toujours spécial.

4° Le même objet peut être hypothéqué à plusieurs personnes ; il ne peut être engagé qu'à une seule.

On aperçoit facilement les avantages que présente l'hypothèque, et nous les avions d'ailleurs indiqués par avance. Est-ce à dire que cette institution soit supérieure au *pignus* ? Nous n'oserions l'affirmer, car la nécessité de la dépossession, si désastreuse pour le débiteur, était une cause de sécurité pour les tiers et leur offrait des garanties qu'il eût fallu remplacer dans le nouveau système par certaines pratiques de publicité, analogues à notre inscription hypothécaire, ou à l'insinuation des donations au temps de Justinien. Malheureusement, il n'en fut rien : et il ne paraît même pas que l'usage où l'on était en Grèce de désigner les fonds hypothéqués par des signes extérieurs, se soit implanté à Rome.

Les peines sévères édictées contre le stellionnat et contre les antidates ne constituaient qu'un remède bien insuffisant aux vices de cette clandestinité absolue, si funeste au crédit du régime hypothécaire romain.

L'Empereur Léon, afin de couper court aux difficultés inextricables que faisait naître la question d'antériorité décida en 449 par une constitution insérée au code (loi 9 *qui potiores*), que les hypothèques constatées par actes publics, ou dans des actes privés revêtus de la signature de trois témoins honorables, passeraient, quoique postérieures en date, avant celles qui seraient dénuées de semblables preuves. C'était un moyen détourné de contraindre les parties à recourir aux modes de constatation indiqués ; le danger des antidates se trouvait ainsi probablement restreint.

La *fiducie*, le gage et l'hypothèque ont coexisté ; toutefois la première de ces institutions n'a pas tardé à tomber en désuétude.

La constitution de l'hypothèque ne dérivait pas seulement de la convention des parties. Elle pouvait aussi résulter d'un ordre du magistrat (*prætorium pignus*), de la volonté d'un testateur (*testamentarium pignus*), ou d'une disposition législative (*tacitum pignus*).

L'hypothèque et le gage sont indivisibles, c'est-à-dire, que chaque fraction de la chose engagée ou hypothéquée répond de la dette entière ; et qui, réciproquement, chaque fraction de la dette est garantie par la chose entière (l. 8, § 2, de pign. act. Dig.—*Cod. l. 1 si, l. Isi unus de pluribus heredibus.*). Ce caractère de l'hypothèque est brièvement exprimé dans cette phrase si connue de Dumoulin : « *Est tota in toto et in quâlibet parte.* »

Le créancier gagiste et le créancier hypothécaire ont un triple droit : 1° Droit de se faire mettre en possession de la chose ; 2° Droit de la vendre ; 3° droit de préférence sur le prix.

A. *Droit de se faire mettre en possession.* Il s'exerce au moyen de l'action Servienne ou quasi-Servienne, action prétorienne quant à son origine, et réelle quant à son étendue, ainsi que nous l'avons vu. — Comme toutes les actions réelles, elle est arbitraire, ce qui veut dire que le défendeur ne sera condamné que s'il n'obéit pas à l'ordre de restituer, qui lui sera donné par le juge.

Nous savons que le créancier hypothécaire ne pouvait l'intenter qu'à l'échéance, tandis que le gagiste avait la faculté de l'exercer dès qu'il avait perdu la possession

Cette action était rédigée *in factum* ; la formule n'en est pas exactement connue.

B. *Droit de vendre la chose.* Il ne peut être exercé qu'à l'échéance : et il n'y a point ici à distinguer entre le créancier gagiste et le créancier hypothécaire. — Ce droit est la conséquence directe du gage et de l'hypothèque, car, ainsi que nous l'avons dit, la législation romaine n'autorisait que par exception les voies d'exécution sur les biens.

Il n'appartenait qu'au premier créancier ; les créanciers postérieurs n'avaient que le *jus offerrendi*, dont il sera ultérieurement traité.

L'exercice de ce droit n'était soumis à aucune formalité spéciale. La vente pouvait être effectuée amiablement ou aux enchères. En général le créancier devait employer ce dernier mode, car il n'avait point à craindre alors que l'on prétendît que la mauvaise foi avait présidé à l'aliénation.

C. *Droit de Préférence*. C'est le droit pour les créanciers hypothécaires d'être payés sur le prix à l'exclusion des autres créanciers.

Rien de plus simple que l'exercice du droit de gage ou d'hypothèque lorsqu'il existe isolément. Tout se borne alors pour le créancier auquel il appartient à opérer la vente et à retenir sur le prix la somme qui lui est due.

Dès qu'il existe au contraire plusieurs hypothèques sur le même objet ou sur le même patrimoine, la situation se complique, et fait surgir de nombreuses questions.

A quelles règles s'attacher pour déterminer le classement des divers droits ? Dans quels cas et à quelles conditions les uns devront-ils obtenir la prééminence sur les autres ? Dans quels cas, concourront-ils ensemble ? Et la prééminence étant constatée, si prééminence il y a, quels en seront les effets? Quels priviléges conférera-t-elle aux créanciers qui l'auront obtenue? Quels droits laissera-t-elle subsister au profit des autres créanciers? L'examen et la solution de ces diverses questions vont être l'objet de notre étude.

SECTION I

Qui potiores in pignore vel hypotheca habeantur

§ 1. — *Détermination du droit de préférence*

Lorsqu'il existe plusieurs hypothèques sur le même objet, celle-là doit obtenir la prééminence sur les autres, qui a pris naissance la première.

La priorité de date engendre la priorité de droit : *prior tempore, potior jure*. Cette règle qui sert encore de base à notre législation hypothécaire est éminemment équitable et juridique ; il ne serait, en effet, ni conforme à l'équité, ni conforme aux principes du droit, que le créancier qui s'est fait donner une sûreté spéciale fût obligé de subir le concours d'un créancier ultérieur, et que la précaution qu'i a prise se trouvât restreinte ou annihilée sans son consentement.

Très-simple en théorie, la règle *prior tempore, potior jure* l'est beaucoup moins en pratique. Il n'est pas toujours facile, en effet, de déterminer la date de l'hypothèque, c'est-à-dire, le moment précis de son établissement. De l'ensemble des textes, il est permis cependant de dégager le principe général qui suit : l'hypothèque ne devra être considérée comme constituée et ne devra prendre rang qu'au moment où elle aura une existence entièrement indépendante de la volonté du débiteur.

Cette indépendance absolue n'existera pas tant qu'il sera possible à ce dernier de se dégager des liens de l'obligation que l'hypothèque a pour but de sanctionner.

Des exemples empruntés à notre titre vont mettre en lumière et sous ses deux faces la règle que nous venons de formuler.

Une personne loue un établissement de bains à compter des kalendes de juillet, elle affecte l'esclave Éros au paiement des loyers ; avant son entrée en jouissance, elle emprunte de l'argent à Titius et lui constitue une hypothèque sur le même esclave. Dans ces circonstances, on se demande quel est du bailleur ou du prêteur celui qui devra obtenir la prééminence. Africain décide avec raison que ce sera le premier, car le contrat de louage ne pouvait être résilié sans son consentement. » (Loi 9 *principium*).

Dans les § 1 et 2 de la même loi, Africain ajoute que l'hypothèque constituée pour garantie d'une créance conditionnelle doit l'emporter sur celle qui n'a été établie qu'ultérieurement, bien qu'avant l'arrivée de la condition, pour garantie d'une dette pure et simple : la condition, en effet, rétroagit et fait considérer la stipulation comme ayant été pure

et simple dès son origine. Il est évident, d'ailleurs,
et le jurisconsulte en fait la remarque, que la solution cesserait d'être applicable si la condition, au
lieu d'être casuelle était potestative.

La décision donnée par Papinien, dans la loi 1
principium, se rattache au même ordre d'idées.
Primus constitue une dot à Titia et se fait donner
une hypothèque par le mari pour en assurer la
restitution. Il ne compte d'abord qu'une partie
de la dot, puis dans l'intervalle qui sépare le
premier versement du second, une autre hypothèque est établie par le mari sur l'objet déjà
engagé à Primus. Cette seconde hypothèque
sera-t-elle primée par 'a première pour l'intégralité
de la dot, ou seulement pour la fraction qui a été
soldée antérieurement à sa constitution? Pour la
totalité, répond Papinien, « *non utique solutio-*
num observanda sunt tempora, sed die contractœ
obligationis. » Vainement dirait-on, pour faire
prévaloir la solution contraire, que le mari était
libre de refuser le restant de la somme promise.
Ce serait là une assertion inexacte, car il n'appartient pas au mari, fût-il même d'accord à cet égard
avec le constituant, de diminuer la dot après coup,
et de porter ainsi atteinte aux légitimes espérances
de la femme. « *Nec probè dici potest in potestate*
ejus esse, ne pecuniam residuam, redderet, ut mi-
nus dotata mulier esse videatur. »

Toutes les fois au contraire, que le grevé d'hypothèque sera resté libre de recevoir, ou non, la
somme qui devait lui être comptée, l'hypothèque

ne prendra rang qu'à partir de la numération, car c'est à ce moment seulement que le *vinculum juris* sera devenu indissoluble.

C'est ce qu'ajoute Papinien dans le § 1 de la loi précitée ; c'est aussi ce que Gaïus enseigne dans la loi 11 pr. « J'hypothèque ma chose à Primus pour le cas où je lui emprunterais de l'argent ; puis j'emprunte à Secundus et je lui confère hypothèque sur la même chose. Quel est celui des deux créanciers qui sera préféré ? Ce sera Secundus, car bien que j'eusse consenti d'abord hypothèque à Primus, je n'étais cependant pas lié envers lui, *poteram ab eo non accipere pecuniam.* »

Les textes que nous venons d'analyser suffisent pour faire comprendre le sens et la portée du principe que nous avons posé; on peut d'ailleurs en trouver d'autres applications dans les lois suivantes : lois 11 § 1, 12 § 3, 1 20.

L'hypothèque prise en vertu d'un jugement est soumise comme celle qui dérive de la convention à la règle *prior tempore potior jure* (loi 10).

Nous avons supposé jusqu'ici que le débiteur avait constitué hypothèque sur un objet dont il était propriétaire au moment de la convention. Mais il peut se faire qu'il ait grevé d'hypothèques successives des biens qui ne lui appartenaient point encore : nous avons dit, en effet, dans nos préliminaires que l'hypothèque pouvait être établie sur des biens futurs. La règle *prior tempore, potior jure* sera-t-elle applicable dans cette hypothèse? Avant de résoudre la question, il importe de préciser les cas dans lesquels elle peut surgir et de déterminer nettement l'étendue de ce principe que les biens à venir peuvent être hypothéqués comme les biens présents. Ce principe a besoin d'être bien compris ; en le prenant à la lettre on s'en ferait une idée inexacte.

L'hypothèque, à Rome comme chez nous, était spéciale ou générale.

L'hypothèque générale pouvait incontestablement frapper les biens à venir comme les biens présents « *Conventio generalis in pignore dando bonorum, vel postea quæsitorum, recepta est.* » (Loi 1 pr. *de pig. et hyp. Dig.*).

La convention par laquelle le débiteur affectait à l'acquittement d'une dette tous ses biens, *res suas omnes,* devait-elle comprendre non-seulement les biens présents mais les biens à venir? La solution affirmative est nettement consacrée par Justinien dans la loi 9, *quæ res pignori* (Code viii-xvii). Avant lui, aucune règle législative n'avait été formulée à cet égard, et les jurisconsultes étaient sans nul doute divisés sur l'étendue qu'il fallait donner à la convention. Il est probable que les particularités de chaque affaire devaient exercer une grande influence sur la décision à prendre : n'était-il pas naturel en effet de rechercher et de respecter l'intention des contractants ?

L'hypothèque spéciale pouvait-elle être constituée valablement sur un bien qui n'appartenait pas encore au débiteur? Oui, sans difficulté, si le constituant avait ajouté, *si res mea facta fuerit* (16

§ 7, de pign. et hyp. Dig.). — En l'absence de cette clause, l'hypothèque était encore valable, lorsque l'objet qu'elle affectait était dû au débiteur, au moment de la convention; on pouvait dire en effet que c'était sur la créance même que la constitution avait porté. — Si l'objet n'était pas dû au débiteur, les jurisconsultes établissaient la distinction suivante : Le créancier qui a reçu l'hypothèque a-t-il ignoré que l'objet qui lui était affecté appartenait à autrui, il pourra lorsque le débiteur sera devenu propriétaire, exercer l'action Servienne utile ; l'a-t-il su, au contraire, il aura le droit de rétention s'il acquiert la possession ; mais la voie de l'action ne lui sera point ouverte. — C'est là ce qu'indique très-bien Papinien dans la suite de la loi précitée (1 § 1 de pig. et hyp.). « *Postea debitori domino quæsito, difficilius creditori , qui non ignoravit alienum, utilis actio dabitur , sed facilior erit possidenti retentio.* »

Il est facile, d'après les détails qui précèdent, de comprendre l'intérêt de la question que nous avons posée. Quand un bien entre dans le patrimoine du débiteur, il peut se trouver simultanément frappé de plusieurs hypothèques générales ou spéciales. — En pareil cas, si ces hypothèques ont été établies à des époques différentes, la règle que la priorité de temps engendre la priorité de droit, devra-t-elle être observée? Ou bien, ne faudra-t-il pas dire au contraire que les hypothèques, nonobstant la diversité de dates, ne prennent réellement naissance qu'au moment de l'acquisition du bien par le débiteur, et que par conséquent elles doivent toutes venir en concours ?

C'est dans le premier sens que la question était résolue par les jurisconsultes Romains, ainsi que le démontrent péremptoirement suivant nous les textes que nous allons analyser.

1° Loi 14, huj. tit. — « Si une personne a engagé successivement à deux créanciers une chose dont elle n'était pas propriétaire, le premier en date obtiendra la préférence. » Paul qui donne cette décision suppose évidemment que les deux créanciers sont de bonne foi ; si le second créancier était seul de bonne foi, c'est à lui qu'appartiendrait l'action hypothécaire, le premier aurait seulement, dans le cas où il posséderait le gage, la faculté de le retenir. (Loi 1, de pign. précédemment expliquée).

2° Loi 21 h. t. — Titius, condamné à payer une certaine somme à Seïa, pour compte de tutelle, lui engage tous ses biens présents et à venir. Il emprunte ensuite de l'argent au fisc et lui hypothèque tous ses biens, puis il paie une partie de sa dette à Seïa, et fait novation pour le surplus en renouvelant l'hypothèque générale primitive. — Le jurisconsulte Scévola allant au-devant d'un doute qui aurait pu surgir, décide que la novation ne changera rien à l'état des choses et ne fera point obstacle à ce que la préférence soit accordée à Seïa; comme elle lui eût été attribuée antérieurement : Seïa, en effet s'est succédé à elle-même (lois 3 pr.— 12%5). (C. F. 278 C. N.). — Scévola ajoute que cette préférence s'exercera non-seulement sur les biens qui appartenaient à Titius au moment de la convention primitive, mais aussi sur tous ceux qu'il aura acquis jusqu'au complet désintéressement de Seïa : « *Item in his rebus, quas post priorem obligationem acquisivit, donec universum debitum suum consequatur.* »

Ce texte semble consacrer bien formellement l'application de la règle *Prior tempore potior jure* aux hypothèques constituées sur les biens à venir. — Cujas qui soutient que ces hypothèques doivent venir en concours, a cherché cependant à le mettre d'accord avec sa doctrine. Suivant lui, la fin de la loi 21 que nous venons de transcrire, ne désignerait que les biens acquis depuis l'obligation primitive jusqu'au contrat intervenu avec le fisc. Quant aux biens acquis après ce contrat, le texte y serait forcément étranger ; non-seulement en effet la préférence quant à ces biens n'appartiendrait pas à Seïa, mais il n'y aurait pas même concours, puisque le fisc avait une hypothèque privilégiée sur les biens à venir pour garantie de toutes ses créances.

L'existence du privilége que Cujas attribue au fisc nous paraît plus que problématique. La loi 28 *de jure fisci*, dont il le fait découler, n'a pas le sens qu'il lui donne ; et d'ailleurs, en admettant même l'exactitude de son interprétation, il faudrait faire abstraction complète de cette loi 28 pour étudier la loi 21. L'hypothèque tacite et privilégiée n'avait certainement pas encore été établie au temps de Scévola. — Autrement le fisc dans l'espèce posée par ce jurisconsulte n'eût pas formellement stipulé une hypothèque à son profit.

La justesse de ces observations n'a point échappé à la sagacité de l'école allemande, qui soutient comme le jurisconsulte de Bourges que les créanciers hypothécaires doivent concourir sur les biens à venir. Aussi a-t-elle proposé une autre explication. Suivant elle, la loi 21 ne parlerait que des biens acquis *post priorem obligationem*, parce que les termes dont le fisc s'était servi pour stipuler l'hypothèque générale, *(in omnes res debitoris)*, n'embrassaient pas avant la constitution de Justinien les biens à venir.

A cela nous répondrons que la constitution de Justinien n'a point introduit une innovation radicale, qu'il devrait souvent arriver dans la pratique que le sens qu'elle a rendu obligatoire prévalut. Il est bien certain d'ailleurs, que dans l'espèce rapportée le jurisconsulte adopte l'interprétation la plus large, et prévoit l'hypothèse où les deux hypothèques se rencontrent sur les biens acquis après le traité conclu avec le fisc. Les mots *donec in universum* le démontrent suffisamment, et c'est en ce sens au surplus que les rédacteurs des Basiliques ont entendu la fin de la loi 21, car ils s'expriment ainsi : « *Fisco præfertur Scïa, tàm in his rebus quas habuit debitor, quam in his quas postea adquisivit.* »

3° Loi 28 *de jure fisci, dig.* — Si l'on accepte l'interprétation que nous en donnerons ultérieurement, cette loi confirme de la façon la plus précise la théorie que nous essayons d'établir. — Cette théorie est d'ailleurs celle de Pothier.

4° Loi 9 § 3 h. t. — La décision que cette loi consacre peut être critiquée, ainsi que nous le verrons dans le paragraphe suivant ; mais elle est certainement inconciliable avec la doctrine de Cujas de l'école allemande.

Cette doctrine ne peut guère invoquer que la loi 7 h. t. Voici l'espèce que cette loi suppose. « Titius a constitué deux hypothèques, l'une générale sur ses biens présents et à venir, l'autre spéciale sur un fonds qui ne lui appartenait pas, mais sous la condition, *si res sua facta fuerit*. Lorsque ce fonds sera entré dans le patrimoine du débiteur, les deux créanciers viendront en concours. Car la circonstance que le débiteur a payé de ses deniers est peu importante, puisqu'une chose acquise avec des deniers engagés à un créancier, ne lui est pas engagée par cela même que l'argent était engagé. »

L'objection que ce texte fournit à nos adversaires nous paraît excessivement fragile : il suffit, pour l'écarter, de supposer que les deux hypothèques ont été constituées à la même date. La première partie du texte, *si tibi quœ habiturus et Titio..*, est plutôt favorable que contraire à cette supposition, qui acquiert un grand degré de vraisemblance, quand on considère que le créancier général s'appuie uniquement pour obtenir la préférence sur ce que les fonds qui ont été employés à l'acquisition lui étaient engagés. Évidemment il n'eut pas manqué d'argumenter de l'antériorité de son droit, si cette antériorité eut existé. Faisons remarquer en outre, avec M. Gérardin, (thèse pour le Doctorat p. 14), « combien serait futile l'argument que le jurisconsulte met dans la bouche du premier créancier, si le fonds arrivait à titre gratuit dans les mains du débiteur. »

En résumé, de l'ensemble des textes, dont nous avons donné l'analyse, il nous semble résulter avec évidence que la règle, *prior tempore, potior jure,* est applicable aux biens à venir comme aux biens présents.

Envisagée au point de vue législatif, cette doctrine nous paraît incontestablement supérieure à celle de l'école allemande.

Il ne doit pas, en effet, dépendre du créancier de diminuer les sûretés déjà constituées par la création de sûretés nouvelles.

Vainement objecte-t-on que l'hypothèque ne peut précéder l'acquisition du bien sur lequel elle doit porter. Tant que cette acquisition n'est point opérée, le créancier n'a sans doute qu'une espérance, et la survenance de la propriété est indispensable pour que cette espérance se réalise ; mais il est constant que tout droit conditionnel est réputé avoir été pur et simple, dès que la condition est accomplie.

§ 2. — *Des avantages que confère la priorité*

La priorité confère un triple avantage :

1° Le créancier auquel elle appartient a le droit

de se faire mettre en possession à l'échéance de la dette. L'action Servienne ou hypothécaire, qu'il peut intenter à cet effet, devra lui faire obtenir gain de cause à l'égard même d'un créancier hypothécaire ultérieur. Si ce créancier lui oppose l'exception *si mihi res non sit obligata*, il lui répondra par la réplique *si non a ate*.

2° Il est désintéressé sur le prix par préférence à tous les autres créanciers, non-seulement pour le capital, mais encore pour tous les intérêts qui lui sont dus, sans limitation aucune. C'est là une application évidemment exagérée de la règle « *Accessorium sequitur principale*; » et notre législateur a sagement agi en la restreignant dans de justes limites (C. Nap. 2151).

3° Au premier créancier seul appartient le droit d'opérer la vente, quand et comme il le voudra. Les créanciers subséquents ne peuvent ni la provoquer, ni requérir qu'elle ait lieu aux enchères. Système déplorable ! qui les laisse si bien à la merci du premier créancier, que certains textes paraissent imbus de cette idée que le droit d'un second créancier ne se constitue réellement, qu'après que celui qui le prime a été désintéressé.

La loi 9 § 3 est conçue dans ce sens : « Titia a engagé à Titius un fonds qui ne lui appartenait pas. Ensuite elle l'a engagé à Mœvius ; puis, étant devenue propriétaire de ce fonds, elle l'a donné en dot à son mari avec estimation. Si Titius est payé, on était d'avis que le gage de Mœvius n'en était pas plus valable. Car après que le premier créancier

est satisfait, le gage du second créancier n'est confirmé qu'autant que la chose se trouve alors dans
les biens du débiteur. Or, dans le cas proposé,
le mari tient la place d'un acheteur ; et par
conséquent, comme la chose n'était dans les
biens du débiteur, ni lorsqu'elle a été engagée à
Mœvius, ni lorsque Titius a été payé, on ne peut
trouver aucun temps où le gage de Mœvius ait pu
s'établir valablement. Toutefois il n'en est ainsi
qu'autant que le mari était de bonne foi en rece-
vant le fonds en dot avec estimation, c'est-à dire
s'il ignorait qu'il était engagé à Mœvius. »

La même idée parait être exprimée par Marcien,
loi 12, § 8, dans cette phrase : *pactus est cum
Mœcio, ut si Titio desierit fundum teneri, ei te-
neatur.*

Il n'est pas douteux cependant que cette idée ne
doive être rejetée. Elle est, en effet, en contradiction
avec la réalité des choses. Le second créancier, si
défavorable que soit sa situation, a cependant des
droits importants : ainsi la loi 12 pr. lui permet
de se faire remettre la possession par tout détenteur
autre que le premier créancier. De plus, nous
verrons bientôt qu'il avait dans le *jus offerendi*
un moyen de s'assurer tous les avantages que la
priorité confère.

Il serait donc tout-à-fait inexact de conclure des
deux textes précités, que son droit ne prend réellement naissance qu'après l'extinction de la première
hypothèque.

La loi 12 § 8 signifie probablement que la seconde

hypothèque n'acquiert toute son efficacité qu'au moment où le fonds cesse d'être affecté à Titius. Quant à la loi 9 § 3, elle renferme une décision erronée. Il est évident, en effet, que lorsque le bien a été acquis par Titia, les deux hypothèques l'ont frappé simultanément, quoiqu'à des rangs inégaux. Ce n'est donc qu'avec la charge de la seconde hypothèque, tout aussi bien que de la première, que la propriété pouvait en être transférée au mari.

Quoiqu'il en soit, l'erreur dans laquelle Africain est tombé démontre bien que la priorité de date engendre dans sa pensée la priorité de rang, même à l'égard des biens à venir ; et ce texte, ainsi que nous l'avons annoncé, vient prêter un nouvel appui à la doctrine que nous avons essayé de justifier dans le précédent paragraphe.

Une hypothèque générale peut se trouver en concours avec une hypothèque spéciale. En pareil cas, l'équité semble exiger que le créancier hypothécaire général ne puisse invoquer, vis-à-vis du créancier spécial, la priorité de son droit sur les biens affectés à ce dernier que dans le cas où les autres biens du débiteur sont insuffisants pour le désintéresser. Cette restriction, qui eût sauvegardé les intérêts de l'un sans compromettre ceux de l'autre n'avait pourtant pas été admise, ainsi que nous l'apprend Papinien, loi 2 h. t. « *qui generaliter bona debitoris pignori accepit, eo potior est cui postea prædium ex his bonis datur, quamvis ex cæteris pecuniam suam redigere possit.* »

On comprend aisément les fâcheux résultats de ce système qui permet au créancier à hypothèque générale, qui se trouve en présence de plusieurs créanciers hypothécaires spéciaux, de mettre en quelque sorte aux enchères son option ou son abstention.

Papinien nous apprend, d'ailleurs, dans la suite du texte, que pour pallier les inconvénients de ce système, le débiteur pouvait stipuler en constituant une hypothèque générale que le créancier n'aurait la faculté de vendre certains biens que dans le cas d'insuffisance des autres biens.

Les empereurs Sévère et Antonin ont apporté dans un cas spécial une limitation aux droits trop absolus qui dérivent de l'hypothèque générale. Un créancier s'est fait donner tout à la fois une hypothèque générale et une hypothèque spéciale. Puis, le débiteur a constitué d'autres hypothèques spéciales. Bien que le premier créancier ait un droit égal sur tous les biens, il faut cependant admettre favorablement *(jurisdictio temperanda est)*, qu'il ne pourra enlever aux créanciers ultérieurs les biens qui leur sont affectés, si ceux qui sont soumis à son hypothèque spéciale, suffisent à le désintéresser. » (2 Code de pig. et hyp. 8-14).

§ 3. — *Des exceptions que comporte la règle* prior tempore, potior jure

Ces exceptions sont assez nombreuses. On peut les grouper en trois classes.

A. — La règle cesse d'être applicable quand l'hypothèque d'un créancier postérieur a été constituée avec l'adhésion d'un créancier antérieur. Dans ce cas, en effet, ce dernier est présumé avoir abandonné le rang qu'il occupait au profit du nouveau créancier. Son intervention ne peut s'expliquer autrement. Il pourra même arriver que l'on voie dans cette intervention une renonciation absolue à l'hypothèque. Toutefois cette interprétation sera rarement admise : *renuntiationes sunt strictissimæ interpretationis.* (Loi 12 § 4, huj. tit. — C.I. t. 2 quit. mod. pign. solv.)

B. Certaines hypothèques quoique postérieures en date obtiennent la préférence, parce que les créances qu'elles garantissent ont paru dignes d'une protection spéciale. Ces hypothèques sont dites privilégiées. On peut les ramener à quatre :

1° Les créanciers dont les fonds ont été employés pour l'acquisition, la reconstruction ou la conservation d'une chose déjà hypothéquée doivent occuper le premier rang pour les sommes avancées dans ce but et pour les intérêts qu'elles ont pu produire; pourvu, bien entendu, qu'ils aient eu le soin de se faire donner une hypothèque conventionnelle, dans tous les cas où ils n'ont pas d'hypothèque légale. (Dig. loi 1, *in quib. caus., pign.* XX — II.; L. 25, *de rebus creditis* XII — ; Lois 3, pr. 1, 5 et 6 *qui potiores.*) — (Code, I. 7, *qui potiores.*) — La cause de cette préférence est nettement indiquée par Ulpien : *Horum enim pecunia salvam fecit totius pignoris causam.*

2° Lorsqu'une chose, mobilière ou immobilière, a été achetée des deniers d'un pupille, ce pupille a sur cette chose une hypothèque tacite et privilégiée. (Loi 7, h. t.) Cette hypothèque lui a été conférée par une constitution de Sévère et d'Antonin, (loi 3 p. *de reb. cor. qui sub tuteld dig.* XXVII — IX ;) loi 6 *de servo pign. dato* C. VII — VIII).

3° La trop célèbre loi Assiduis (code 12, *qui potiores*), conférait à la femme une hypothèque privilégiée pour le recouvrement de sa dot. Cette sûreté exorbitante a été justement supprimée par le Code Napoléon.

4° Le fisc avait une hypothèque tacite et privilégiée sur les biens des contribuables à raison des impôts et sur ceux de ses agents à raison de leur gestion. (loi 1 *si prop. publ. pensita* Code IV — XLVI (loi 3 *de principalo code* XII — LXIII.).

Pour ses créances ordinaires, il n'avait pas encore d'hypothèque tacite au temps de Scévola, et l'hypothèque qu'il pouvait stipuler était soumise à la régle générale (loi 21). A l'époque d'Ulpien au contraire, il jouissait d'une hypothèque tacite — (loi 8 h. t. — l. 28 *de jure fisci,* Dig. — loi 2 *code jus quib. caus. pign.* VIII — XV) — Cette hypothèque tacite était-elle privilégiée ?

Elle ne l'était certainement pas sur les biens présents : mais quelques romanistes ont soutenu qu'elle l'était sur les biens à venir, c'est-à-dire, sur les biens acquis par le débiteur après que le fisc était devenu créancier. Ils étaient leur opinion sur la loi 28 *de jure fisci,* dont voici les termes: « *Si qui mihi obligaverat, quæ habet habiturusque esset, cum fisco contraxerit, sciendum est in re postea adquisita fiscum potiorem esse debere, Papinianum respondisse, quod et constitutum est prævenit enim causam pignoris fiscus.* » — Cette loi, d'après les auteurs dont nous rapportons la doctrine devrait être ainsi traduite : « Mon débiteur m'a constitué une hypothèque générale, puis il a contracté avec le fisc, le fisc me primera sur les biens à venir. » Il nous est impossible de croire à l'exactitude de cette interprétation, et à la réalité du privilége fiscal : d'abord il serait bizarre que ce privilége eût porté uniquement sur les biens à venir ; ensuite si ce privilége eût existé, on aurait du retrouver dans le code les constitutions qui l'auraient établi et auxquelles la fin du texte ferait allusion. Nous pensons avec M. Machelard, (textes de Droit Romain sur les hypothèques) que les mots, *quod et constitutum-est*, se réfèrent simplement à la loi 2 *de privil. fisci* (Code 7, 73). Dans cette loi la préférence accordée au fisc s'explique par la priorité de date ; cette priorité de date existe également dans l'hypothèse que prévoit Ulpien dans la loi 28. Cette loi n'a d'autre sens que celui-ci : « Titius après avoir contracté avec le fisc m'a constitué une hypothèque générale, le fisc sera préféré, non pas seulement sur les biens présents, mais aussi sur les biens à venir. » Le jurisconsulte n'a eu d'autre but que d'écarter le doute qui aurait pu s'élever sur l'application de la règle ordinaire à cette dernière catégorie de biens. Le mot *Contraxerit* dont il se sert exprime plutôt le passé que le futur ; et la dernière phrase *prevenit enim causam pignoris fiscus* se concilie bien mieux avec notre interprétation qu'avec celle de Cujas et de l'école Allemande.

C. D'après la constitution impériale que nous avons indiquée dans nos préliminaires, la règle *prior tempore, potior jure* cesse encore d'être applicable, lorsque certains créanciers hypothécaires ont employé pour la constation de leur droit les moyens de preuve tracés par cette constitution, tandis que d'autres ont négligé d'y avoir recours.

§ IV. — *De la règle qui in pignore tempore concurrunt, concurrunt jure.*

Puisque la prééminence d'une hypothèque sur une autre ne peut, en thèse générale, se justifier que par la priorité de date, il faut nécessairement admettre que les hypothèques qui ont pris naissance à la même époque viendront en concours. La règle *qui concurrunt tempore concurrunt jure* formulée par Pothier dans ses pandectes n'est que la contre-partie et le corollaire obligé du principe *prior tempore potior jure*. — Cette règle est d'ailleurs exprimée par Paul dans les termes suivants : « *Si pluribus res simul pignori datur, æqualis omnium causa est.* »

La conclusion à tirer de la règle précédente, c'est que, dans le cas où le prix de la chose sera insuffisant pour désintéresser tous les créanciers, chacun d'eux prendra une part proportionnelle au montant de sa créance (16 § 8 de *de pign, et hyp.* XX — 10.

Quant au droit de poursuite contre les tiers, Marcien décide dans le texte que je viens de citer qu'il y aura lieu d'examiner en fait, si l'on a entendu en conférer l'exercice intégral ou partiel à chaque créancier. — (C. f. loi 10 cod. tit.)

SECTION II

De iis qui in priorum creditorum locum succedunt.

Nous nous proposons d'indiquer dans cette seconde partie de notre travail les divers cas, dans lesquels les facultés et les prérogatives que la priorité confère sont transférés soit à un créancier ultérieur, soit à certaines personnes intéressées. Ces cas sont au nombre de cinq : à chacun d'eux nous consacrerons un paragraphe spécial.

Le mot subrogation, qui sert à désigner chez nous la substitution d'un tiers au lieu et place du créancier qu'il désintéresse, était inconnu des Romains. Les expressions *successio in jus,* *successio in locum alterius* sont généralement employées dans les textes pour indiquer ce phénomène juridique.

§ 1. *De la successio opérée par le créancier.*

Lorsqu'un tiers, qui n'est aucunement intéressé à l'acquittement de la dette, rembourse le créancier hypothécaire, celui-ci peut lui transférer tous les droits qui lui appartiennent. Les créanciers ultérieurs ne peuvent s'opposer à cette cession qui ne porte point à leurs droits une atteinte directe, et que le législateur devait autoriser parce qu'elle renferme un puissant élément de crédit.

Le *solvens* n'hérite d'ailleurs des droits du créancier qu'en vertu d'une clause expresse, que ce dernier ne peut être contraint de consentir (loi 1 Code de *his qui in prior.*)

En cas de refus de sa part, le tiers est libre de ne pas verser ses fonds. S'il effectue néanmoins le paiement, il devra supporter les conséquences de son imprudence : *Qui damnum suà culpà sentit, nullum damnum sentire videtur.*

§ 2. *De la successio opérée par le débiteur.*

Le débiteur auquel un tiers fournit les fonds nécessaires pour désintéresser le premier créancier, peut conférer à ce tiers tous les droits qui appartiennent à ce dernier. Cette convention, comme la précédente, est autorisée par la notre législation actuelle. Comme elle, elle est un élément de crédit, et l'opposition qu'y voudraient faire les créanciers ultérieurs serait dénuée de tout effet. L'adhésion du premier créancier n'est pas même exigée, dans quel but le serait-elle ? Les fonds qu'il avait prêtés lui sont intégralement remboursés. Que peut-il demander de plus ? Au reste la décision de la loi 12 8 est tout à fait formelle. En voici l'analyse succincte : « Un homme a fait deux emprunts successifs à Titius et à Mœvius, et leur a donné le même objet en gage. Une troisième personne lui fournit l'argent nécessaire pour rembourser Titius, mais elle stipule qu'elle succèdera aux droits de ce dernier. Le second créancier pourra-t-il lui contester la prééminence ? Nullement, car la condition qui devait lui faire obtenir la priorité ne s'est pas réalisée. La première hypothèque n'est pas réellement éteinte ; et le jurisconsulte ajoute, en parlant du second créancier : *De negligentiâ suâ queri debet.* C'était à lui de ne pas consentir le prêt avant la libération complète du gage. »

Il résulte de la loi 2 de *pign-act.* Dig. 13, 7 que la convention dont nous venons de parler serait sans efficacité, si le débiteur avait cessé d'être propriétaire du bien grevé.

La succession *in jus creditoris prioris* pourrait encore être opérée par le débiteur dans l'hypothèse suivante prévue par la loi 12 § .9. « Titius a effectué trois emprunts à des dates différentes. Il a constitué hypothèque à Primus, puis à Secundus sur le fonds Cornélien. Tertius a reçu en gage le fonds Sympronien. Titius voudrait liquider sa situation et aliéner le fonds Sympronien sans avoir à redouter un recours ultérieur en garantie ; il pourra, dans ce but, obtenir de Tertius qu'il renonce à son hypothèque, et lui conférer en échange celle qui appartient sur le fonds Cornélien à Primus, dont la créance sera remboursée avec le prix de vente. »

On comprend facilement les avantages pratiques d'une telle convention.

Rappelons que le créancier qui fait novation peut se réserver pour garantie de sa nouvelle créance les hypothèques qui garantissaient l'ancienne. En pareil cas il se succède à lui-même (loi 21 h. t.).

§ 3. *Du jus offerendi au profit des créanciers hypothécaires.*

Nous savons quels priviléges exorbitants la législation Romaine conférait au premier créancier hypothécaire : à lui seul appartenait le droit de vendre la chose soit à l'amiable, soit aux enchères ; et la vente qu'il pouvait effectuer, quand bon lui semblait, et par conséquent dans un moment très peu opportun, éteignait toutes les hypothèques ; elle en opérait la purge, comme nous dirions aujourd'hui.

Le *jus offerendi* fut imaginé pour pallier les inconvénients de ce système ; mais il n'atteignit qu'imparfaitement ce résultat. Il eût fallu, pour remédier complétement aux vices du système, que l'on eût, en outre, investi les créanciers du droit de provoquer la vente, et que cette vente eût été soumise dans tous les cas à certaines conditions de publicité.

Le *jus offerendi* peut être défini : « La faculté qui appartenait à tout créancier hypothécaire de succéder aux droits du premier créancier en lui remboursant en capital et en intérêts la créance pour laquelle il avait la priorité. »

A la différence de ce qui avait lieu dans les hypothèses précédemment examinées, la *successio* se produisait ici de plein droit, en l'absence de toute convention ; en cas de refus de la part du créancier de recevoir les fonds qui lui étaient offerts, ces fonds, étaient déposés et le dépôt équivalait au paiement. (1 Qui Pot. Code).

L'exactitude de notre définition, en ce qui touche la quotité de la somme qui doit être prêtée au premier créancier, est mise en lumière par la décision que donne le jurisconsulte Tryphoninus dans la loi 20 de notre titre.

Le créancier qui a exercé le *jus offerendi* n'occupe le premier rang que pour sa nouvelle créance; quant à l'ancienne, il conserve le rang qu'il avait précédemment. La loi 12, § 8 nous apprend que les intérêts qu'il avait remboursés n'étaient pas productifs d'intérêts à son profit; ce n'était pas, en effet, l'affaire d'autrui qu'il avait entendu faire, mais la sienne propre.

En cas de conflit entre les divers créanciers pour l'exercice du *jus offerendi*, la préférence sera marquée par l'ordre des rangs : le second créancier sera préféré au troisième, le troisième au quatrième et ainsi de suite.

Le *jus offerendi* pouvait-il être exercé à l'encontre d'un créancier postérieur. L'affirmative résulte très-clairement du passage suivant des sentences de Paul : « *Sed et prior creditor secundum creditorem, si voluerit, dimittere non prohibetur, quamquam ipse in pignore potior sit.* » (Liv. II, tit. XIII § 8.) On a soutenu que ce texte était interpolé, mais c'est là une assertion que rien ne justifie. Il est probable que le *jus offerendi* avait été détourné dans un but d'utilité pratique de sa destination primitive. Le premier créancier pouvait, en effet, avoir un intérêt réel à l'exercer ; par exemple, pour éviter d'engager un procès avec un créancier ultérieur, qui aurait voulu lui disputer la priorité.

La *successio in jus* qui dérive de l'exercice du *jus offerendi* ne résulterait pas d'une décision judiciaire qui déclarerait un créancier hypothécaire préférable à celui qui en réalité occupe le premier rang. La loi 16 *huj. tit.* justifie la proposition qui précède. En voici l'analyse très succincte : « Un fonds a été hypothéqué successivement à Eutychiana, à Turbo, et à Tertius. Eutychiana a intenté l'action hypothécaire contre Tertius qui se trouvait en possession ; elle a succombé. Turbo intente l'action à son tour. Tertius pourra-t-il le repousser en invoquant la première sentence : lui suffira-t-il pour obtenir gain de cause de répondre à son adversaire : *si vinco vincentem te, à fortiori te vinco.* Le jurisconsulte répond que non, parce qu'une telle prétention serait contraire aux principes de la chose jugée. En supposant que Turbo triomphe, il ne sera pas non plus recevable à invoquer contre Eutychiana la décision rendue dans une instance, où elle n'a pas été partie.

Le jurisconsulte nous paraît invoquer à bon droit les principes de la chose jugée, qui ne constitue, comme on sait, qu'une vérité relative. Mais l'application de ces principes fait surgir une difficulté qui paraît insoluble au premier abord, et dont la solution n'est pas indiquée par Paul : Quel est celui

des trois créanciers qui devra obtenir la préférence? Ce ne sera pas Eutychiana, car Tertius
viendrait immédiatement lui enlever le premier
rang! Ce ne sera pas Tertius, car il serait obligé
tout aussitôt de céder la place à Turbo! Ce ne sera
pas non plus ce dernier, car il serait évincé par
Eutychiana, restée à son égard dans la plénitude
de ses droits!

A première vue, nous le répétons, il semble
qu'il y ait là une véritable impasse. Il y a cependant
moyen, du moins dans une certaine mesure, de faire
à chacun sa part. Il est possible d'abord que le premier jugement ait simplement débouté Eutychiana,
parce qu'elle ne réussissait pas à prouver son droit.
Si par la suite une circonstance quelconque lui a
fait acquérir la possession, Tertius pour la lui
enlever devra établir qu'il lui est réellement préférable et s'il ne le fait pas, il succombera comme
Eutychiana elle-même avait succombé dans la première instance : *In pari causa melior est causa pos-
sidentis.*

Que s'il a été jugé au contraire que Tertius était
préférable à Eutychiana, il nous paraît tout-à-fait
impossible de déterminer quel est celui des trois
créanciers auquel compéteront les droits si importants de se faire mettre en possession et d'effectuer
la vente. Mais la vente une fois réalisée, le prix
sera facile à distribuer : la part qui devait revenir
à Eutychiana sera attribuée à Tertius, Turbo sera
colloqué au deuxième rang pour l'intégralité de sa
Tertius au troisième, pour ce qui pourra lui être

créance, encore du. Eutychiana ne sera payée qu'après les deux autres créanciers.

§ IV. — *De la successio au profit du tiers détenteur.*

Le possesseur d'un bien hypothéqué, quelle que soit la nature de son titre, a le droit de se faire subroger au créancier hypothécaire, qui veut l'évincer. (l. 12. § 1. *Quib. mod. pig. solv. Dig).*

Ici, à la différence de ce qui a lieu quand un créancier postérieur désintéresse le premier créancier, la succession ne se produit pas de plein droit ; une clause expresse est nécessaire.

Le possesseur qui se fait ainsi subroger acquiert le droit de créance du premier créancier ainsi que le démontre très clairement la loi 19 *huj. tit.* « *Quæroan si justus possessor offerat, compellendus sit jus nominis cedere?....* »

§ V. — *Du bénéfice cedendarum actionum.*

La *successio in jus prioris creditoris* pouvait enfin résulter de l'exercice du *beneficium cedendarum actionum,* introduit comme on sait, dans un but d'équité, et soumis à des règles différentes suivant que les codébiteurs étaient tenus d'une action de bonne foi ou d'une condictio, c'est-à-dire, suivant qu'il s'agissait d'une obligation simplement solidaire ou d'une obligation corréale.

Dans le premier cas, la cession d'actions pouvait être demandée après la *litiscontestatio,* et même après la sentence, tant que le paiement n'avait pas été effectué. Dans le second, elle devenait absolument impossible, dès que la *litis contestatio* avait eu lieu.

Dans le premier cas, si le débiteur n'avait payé que sur les poursuites exercées contre lui, on sous entendait facilement la cession qu'il avait négligé de requérir et on lui accordait un action utile. Dans le second cas le bénéfice de l'action utile n'a jamais été conféré par la jurisprudence au débiteur négligent; mais il paraît bien résulter de certains textes que ce bénéfice lui fut plus tard attribué par des constitutions impériales.

DROIT FRANÇAIS

ÉTUDE SUR LA PRESCRIPTION EN MATIÈRE CRIMINELLE.
(Code d'instruction criminelle. Art. 635 642)

On distingue en droit civil deux sortes de prescriptions : la prescription acquisitive et la prescription libératoire. En droit pénal la prescription est toujours libératoire, extinctive de droits. On peut la définir : « Un moyen de se libérer des conséquences d'une infraction ou d'une condamnation par l'effet du temps et sous les conditions déterminées par la loi. » Ainsi après certains délais, dont la durée varie suivant les circonstances, l'auteur d'un acte délictueux échappe à toute poursuite, à toute répression, et la condamnation même dont il a pu être frappé n'est plus susceptible d'être mise à exécution. Extinction du droit d'action, extinction du droit d'exécution, tels sont donc les deux résultats possibles de la prescription en matière criminelle.

La prescription de l'action et la prescription de la peine diffèrent dans leurs effets, et ne sont pas soumises aux mêmes règles. Mais elles dérivent des mêmes principes, et plusieurs caractères leur sont communs.

De là, la division naturelle de notre sujet en trois parties.

Dans la première, nous indiquerons l'origine et les caractères généraux de la prescription en matière criminelle.

Dans la seconde, nous traiterons de la prescription de l'action : un premier chapitre sera consacré à la prescription de l'action publique, un second à la prescription de l'action civile.

Dans la troisième, nous exposerons la théorie de la prescription des peines. Enfin, dans un très-court appendice, nous dirons quelques mots des prescriptions établies par des lois spéciales, et nous indiquerons les principes généraux qui doivent régir leur application.

PREMIÈRE PARTIE

ORIGINE ET CARACTÈRES GÉNÉRAUX DE LA PRESCRIPTION EN MATIÈRE CRIMINELLE. — HISTORIQUE DE LA MATIÈRE.

SECTION I.

Origine et fondement de la prescription criminelle.

La prescription criminelle n'est pas moins légitime que la prescription civile et ne mérite pas moins que cette dernière la dénomination que lui a donnée Cassiodore de patronne du genre humain. « *Patrona generis humani.* » — Cependant et bien qu'en définitive elles tendent l'une et l'autre au même but, le maintien de l'ordre et de l'harmonie dans la société, elles reposent sur des considérations très-différentes. Tandis en effet que la prescription civile dérive de l'inaction ou de la négligence du créancier ou du propriétaire, la prescription criminelle puise son origine dans la nature même du droit de punir : s'il est incontestable que ce droit soit l'une des conditions essentielles de l'existence de toute société, il est également certain que son exercice est limité par les nécessités sociales.

Toute infraction à la loi pénale est une source de trouble et de perturbation : faire cesser ce trouble, rétablir la sécurité dans les esprits honnêtes, intimider les esprits pervers, voilà le but de la peine. Or, après un certain temps, l'émotion que l'acte délictueux avait fait naître s'est dissipée, les sentiments d'indignation ou d'horreur qu'il avait provoqués se sont évanouis, la tranquillité publique s'est raffermie. Après un certain temps, variable suivant la gravité de l'infraction ou de la condamnation, le souvenir du méfait a disparu, avec lui la nécessité de l'exemple ; l'une des bases essentielles du droit qui appartient au pouvoir social d'infliger des peines ou de faire exécuter celles qui ont été prononcées, l'utilité fait complétement défaut. Ce droit n'existe donc plus. Sans doute le droit de punir, quand on le considère comme une émanation, comme une dérivation de la justice absolue, ne saurait recevoir du temps aucune at-

teinte, et c'est en ce sens que l'un a pu dire
« *Tempus non est modus constituendi vel dissol-
vendi juris;* » mais subordonné dans son application à l'intérêt public, ce droit a des limites et le
temps peut constituer un des éléments qui servent
à les déterminer.

L'inutilité de la poursuite, et l'inefficacité de la
peine, voilà donc quels sont, à nos yeux, les véritables motifs sur lesquels repose la prescription.

Des criminalistes cependant ont prétendu lui
assigner d'autres bases. Les uns l'ont fait dériver
d'une sorte de possession d'impunité, les autres de
l'expiation morale subie par l'agent; d'autres enfin,
des difficultés que présenteraient, après un certain
temps les investigations judiciaires par suite du dépérissement des preuves.

Le premier système ne saurait soutenir un seul
instant l'examen. Ce n'est pas parce que le coupable a possédé l'impunité que cette impunité devient légitime. Si cette considération seule pouvait
justifier la prescription, ne serait-on pas tenté de
s'écrier avec Bentham : « Il serait odieux, il serait
funeste de souffrir qu'après un certain temps, la
scélératesse pût triompher de l'innocence. Point de
traité avec les méchants de ce caractère. Que le
glaive vengeur reste toujours suspendu sur leur
tête. Le spectacle d'un criminel jouissant en paix
du fruit de son crime, protégé par les lois qu'il a
violées est un appât pour les malfaiteurs, un objet
de douleur pour les gens de bien, une insulte à la
justice et à la morale. Pour sentir toute l'absurdité

d'une impunité acquise par le laps de temps, il ne faut que supposer la loi conçue en ces termes : mais si le voleur, le meurtrier, l'injuste acquéreur du bien d'autrui parviennent à éluder pendant 20 ans, la vigilance des tribunaux, leur adresse sera récompensée, leur sûreté rétablie, et le fruit de leur crime légitimé entre leurs mains [1]. »

Le second système repose sur une abstraction philosophique : il semble que cette pensée de Montaigne le résume : « Quiconque attend la peine, il la souffre, et quiconque l'a méritée, il l'attend [2] » Les appréhensions du coupable, les angoisses et les remords qu'il a dû ressentir, la nécessité permanente de se soustraire à tous les regards, n'ont-ils pas constitué une véritable et suffisante expiation.

On invoque à l'appui de ce système les paroles suivantes de M. Réal dans l'exposé des motifs : « Peut-on imaginer un supplice plus affreux que cette incertitude cruelle qui ravit au criminel la sécurité de chaque jour, le repos de chaque nuit. Le glaive de la loi suspendu pendant vingt ans sur la tête du coupable ! Législateurs, ce supplice plus cruel que la mort, n'a-t-il pas assez vengé le crime, et légitimé la prescription ! [3] »

Assurément les idées qui précèdent ont un certain fond de vérité. Mais il est impossible d'y voir d'une manière absolue la base de la prescrip-

[1] Bentham, lég. civ. et pén. Tom. II, liv. IV, ch. XII.
[2] Montaigne. Essais. Liv. II, ch. V.
[3] Locré. T. XXVIII, p. 170.

tion criminelle. Cette impossibilité a été parfaitement mise en relief par M. Ortolan : « Je demande, dit-il, dans son savant ouvrage, n° 1853, quels remords cuisants, quelles inquiétudes amères a éprouvés celui qui, en arrosant des fleurs posées sur sa fenêtre en contravention aux réglements de police, a fait tomber de l'eau sur le trottoir, ou celui qui a eu le tort grave de faire une partie de chasse sans permis de chasse ou en temps prohibé ?. Il faut cependant, pour arriver à un résultat aussi grave que celui de l'extinction du droit de punir qu'a la société, des motifs non hypothétiques et qui soient concluants. »

Que répondrons-nous aux nombreux partisans du troisième système, au nombre desquels figurent en première ligne MM. Mangin et Faustin-Hélie ? Que le dépérissement des preuves est l'une des raisons accessoires qui justifient la prescription, mais qu'il n'en est point le motif principal et déterminant.

Ce n'est pas l'assise de l'édifice entier, tout au plus pourrait-on y voir l'une des assises de quelqu'une des parties qui le composent! Le droit de faire exécuter une condamnation se prescrit comme le droit d'intenter des poursuites, et cependant quand une condamnation est intervenue, le danger signalé n'est plus à redouter. Dans certains cas même, il disparaît avant toute décision judiciaire : N'arrive-t-il pas fréquemment que certaines infractions sont constatées par des procès-verbaux, qui conservent les éléments de preuve dans leur intégrité.

Le système que nous adoptons est le seul qui

puisse expliquer la théorie de la prescription dans sa généralité, et dans ses branches diverses d'application. Il justifie et légitime la prescription des peines comme celle des actions ; la prescription des crimes les plus graves comme des contraventions les plus légères. Il éclaire d'une vive lumière les dispositions du Code d'instruction, et non-seulement il permet d'en comprendre le sens et d'en apprécier la sagesse, mais il sert encore à élucider les questions nombreuses auxquelles le laconisme du législateur a donné naissance. Nous aurons de fréquentes occasions d'en faire la remarque dans le cours de cette étude.

L'honneur de ce système revient à M. Ortolan, qui l'a développé dans son traité de Droit Pénal, avec cette force de logique et cette puissance de raisonnement qui le distinguent. — Dès le xviie siècle cependant, à une époque où le droit criminel était encore éloigné de la perfection relative qu'il a atteinte de nos jours, Puffendorf avait indiqué le véritable motif de la prescription criminelle : « Le genre humain changeant presque de face dans l'espace de trente ans, il ne serait pas à propos que l'on pût être troublé par des procès intentés pour quelque chose qui s'est passé comme dans un autre siècle... On peut aussi appliquer cette raison à la prescription ; car il serait superflu de rappeler en justice les crimes dont un long temps a fait oublier et disparaître l'effet, en sorte qu'alors aucune des raisons pourquoi on inflige des peines n'a plus lieu. »[1]

---

[1] Puffendorf droit de la nature et des gens. T. II, Liv, ch. XII.

Un magistrat distingué, M. Brun de Villeret, conseiller à la cour de Lyon, dans un traité récemment publié sur la prescription, a complètement adopté la doctrine professée par M. Ortolan. [1]

Les considérations sur lesquelles cette doctrine s'étaie paraissent bien avoir été présentes à l'esprit du législateur, quand on se reporte aux paroles que prononçait M. Lairet dans la séance du 16 décembre 1808.

« La législation et la morale, disait-il, réunissent leurs efforts pour prévenir et comprimer les vengeances privées ; elles montrent à l'offensé, celle-ci la satisfaction intérieure attachée au pardon des injures, et celle-là le glaive de la loi poursuivant et presque toujours atteignant l'offenseur.

« Mais cette poursuite publique, établie pour faire cesser les vengeances individuelles... doit-elle être elle-même sans terme ?

« Il est dans la nature des choses que les haines publiques, aussi bien que les haines privées, s'apaisent, s'atténuent avec le temps, ce grand modérateur des choses humaines. Si le sacrifice des vengeances individuelles est exigé particulièrement pour prévenir les troubles qu'elles apporteraient à la paix sociale, cette même paix sociale semble demander à son tour que la vindicte publique ne demeure pas irrévocablement armée et agissante ; qu'elle se calme et s'arrête aussi dans certains cas,

[1] Traité théorique et pratique de la prescription criminelle. — Paris 1863.

et après un cours de temps plus ou moins long, selon les circonstances.

« De là vient, Messieurs, que les peuples les plus renommés par leur sagesse ont, en général, et après un temps donné, consacré l'oubli des injures, dont la répression appartient à la loi.

« Notre ancienne jurisprudence, elle-même, admettait, sauf quelques exceptions, la prescription des peines et poursuites.

« Indépendamment des vues politiques et morales que j'avais à l'instant l'honneur de vous exposer, qui ne sent que durant le temps exigé pour la prescription, le coupable a été puni par les agitations, les troubles intérieurs de sa conscience, les tourments d'une vie incertaine et précaire, autant qu'il aurait pu l'être par la rigueur de la loi ? et que si après, ce temps, il n'est pas délivré entièrement de cet état de tortures et d'angoisses intérieures, il mérite du moins d'être affranchi de la peine légale à laquelle il a été condamné ; ou s'il n'y a pas eu de condamnation d'être mis à l'abri de toutes poursuites criminelles.

« Dans le cas de non-condamnation, il y a une autre raison pour ne point agir contre lui, c'est qu'après un long laps de temps, il n'est plus aussi facile soit de constater le corps du délit, soit de se procurer des pièces de conviction, soit de trouver des témoins. »

L'apaisement des haines publiques ; l'oubli et le pardon que doit la société à des infractions dont elle n'a plus à souffrir, telles sont, on le voit, les principales raisons invoquées par le rapporteur pour justifier l'institution de la prescription. Ce n'est que subsidiairement qu'il s'appuie sur l'expiation morale subie par l'auteur de l'acte délictueux et sur le dépérissement des preuves.

SECTION II

Historique de la matière

Avant d'aborder les articles du Code d'instruction qui doivent faire l'objet de notre commentaire, nous croyons utile de retracer à grands traits, l'historique de la matière.

La loi Romaine avait admis la prescription en matière criminelle. Le droit d'accusation se prescrivait par vingt ans. « *In omnibus fisci questionibus, exceptis causis in quibus minora tempora servari specialiter constitutum est, viginti annorum præscriptio custoditur.* [1] »

Cette prescription avait été étendue aux accusés fugitifs. Elle s'appliquait à la plupart des crimes : « *Querela falsi temporalibus præscriptionibus non excluditur nisi viginti annorum exceptione : sicut cætera quoque fere crimina.* [2] »

Dans quelques cas le délai avait été réduit : les crimes d'adultère, de péculat, d'enlèvement de testament se prescrivaient par cinq ans. Quelques crimes, au contaire, tels que le parricide

[1] Loi 13, de Div. Temp. præs. D. C.
[2] 12 Cod. Ad lég. Corn. de falsis.

et la supposition de part, étaient imprescriptibles.

Le délai courait du jour même ou le crime avait été commis ; il se calculait d'une manière continue, c'est-à-dire, sans en retrancher le temps pendant lequel l'accusation n'avait pu agir. Telle était du moins la règle générale.

Aucune prescription spéciale n'était applicable à la peine. Mais après trente années l'action *ex judicato* ne pouvait plus être exercée ; après ce laps de temps, par conséquent, la peine ne pouvait plus être mise à exécution.

Dans notre ancienne jurisprudence, les principes de la loi Romaine avaient généralement été adoptés ; la prescription vicennale éteignait l'action publique. Quelques différences cependant furent successivement introduites. D'abord et par une exception unique, les coutumes de Hainaut et de Bretagne avaient réduit cette prescription à dix ans. Ensuite, l'imprescriptibilité avait cessé de s'appliquer au parricide et à la supposition de part ; mais en revanche elle atteignait le crime de duel, en cas de plainte, le crime de lèse majesté et le délit d'usure. Enfin le délai avait été abrégé pour les délits d'adultère et de simonie.

La prescription courait du jour même de l'infraction ; et cette règle s'appliquait aux crimes dont l'existence était restée ignorée, comme à ceux qui avaient été connus dès le principe et dont la poursuite avait été commencée.

On n'admettait aucune cause de suspension ni d'interruption du cours de la prescription.

En ce qui touche la peine, les principes de la législation Romaine servaient également de guide après trente ans l'action *ex judicato* était éteinte, et la sentence n'était plus susceptible d'être mise à exécution.

Toute infraction à la loi pénale peut engendrer une action privée ayant pour but la réparation du préjudice Causé. cette action tombait-elle, dans l'ancien croit, sous le coup de la prescription criminelle? Quelques jurisconsultes et plusieurs parlements se prononçaient dans le sens de la négative, en se basant sur l'autorité du droit Romain : « *Omnes actiones quæ ex crimine descendunt, durant usque ad triginta annos.* » L'opinion contraire avait cependant prévalu : la réparation civile, disait-on, n'est qu'un accessoire du crime ; il est donc rationnel qu'elle se prescrive comme le crime même.

En droit romain la prescription ne constituait qu'un moyen de procédure, une exception qui devait être proposée par l'accusé, et que le juge ne pouvait suppléer en aucun cas. En était-il de même dans l'ancienne jurisprudence? Certains criminalistes l'enseignaient. D'autres, aucontraire, pensaient que le juge pouvait suppléer la prescription d'office. Jousse faisait une distinction entre la peine et la réparation civile. En ce qui touche la première, disait-il, la prescription doit être suppléée d'office ; mais lorsqu'il s'agit de la seconde, l'accusé doit l'opposer.

De l'aperçu très-rapide auquel nous venons de nous livrer, il ressort que dans notre ancien droit la jurisprudence et la doctrine avaient adopté, sauf quelques modifications, les règles de la loi romaine. Aucune disposition législative n'était venue codifier la matière : l'ordonnance de 1670 était complétement muette sur la prescription.

L'assemblée constituante édicta la première un ensemble de dispositions rationnelles.

Le titre VI du code des 25 septembre, 6 octobre 91 renfermait les dispositions suivantes relatives à la prescription des crimes :

Article 1er. — Il ne pourra être intenté aucune action criminelle pour raison d'un crime, après trois années révolues, lorsque dans cet intervalle il n'aura été fait aucune poursuite.

Article 2. Quand il aura été commencé des poursuites à raison d'un crime, nul ne pourra être poursuivi pour raison du dit crime, après six années révolues, lorsque dans cet intervalle aucun jury d'accusation n'aura déclaré qu'il y a lieu à accusation contre lui, soit qu'il ait été, ou non, impliqué dans les poursuites qui ont été faites. Les délais portés au présent article et au précédent commenceront à courir du jour où l'existence du crime aura été connue ou légalement constatée.

Article 3. — Aucun jugement de condamnation rendu par un tribunal criminel ne pourra être mis à exécution, quant à la peine, après un laps de vingt années révolues, à compter du jour où le dit jugement a été rendu.

L'arrêt contumaciel était également prescriptible par vingt ans aux termes des articles 9 et 10 du titre

IX. La représentation ou l'arrestation du contumax avant l'expiration des vingt années anéantissait la procédure et amenait un nouveau jugement.

Abréviation du délai, établissement d'une prescription spéciale pour la peine, suppression complète et absolue de l'imprescriptibilité de certains crimes, tels sont les traits généraux du système inauguré par la constituante. Ce système est imparfait sous deux rapports : d'abord les délais de la prescription sont réduits outre mesure ; ensuite, et sans doute pour paralyser les inconvénients de cette réduction exagérée, on recule le point de départ de la prescription jusqu'au jour où l'infraction sera connue, ou légalement constatée.

Tel qu'il est cependant, ce système réalise un véritable progrès, et il contient en germe les innovations qui devaient recevoir leur développement sous la législation pénale qui nous régit.

Les dispositions des articles 1 à 3 ne concernaient que les crimes, mais on en étendait l'application aux délits et aux contraventions.

— Le code de Brumaire an IV reproduisit, mais avec quelques modifications, les dispositions du code de 1791.

Article 9. « Il ne peut être intenté aucune action publique ni civile, pour raison d'un délit, après trois années révolues, à compter du jour où l'existence en a été connue et légalement constatée, lorsque dans cet intervalle il n'a été fait aucune poursuite.

Article 10. « Si dans les trois ans il a été commencé des poursuites soit criminelles soit civiles à raison d'un délit, l'une et l'autre action durent six ans, même contre ceux qui ne seraient pas impliqués dans ces poursuites. Les six ans se comptent pareillement du jour où l'existence du délit a été connue et légalement constatée.

Après ce terme nul ne peut être recherché soit au criminel, soit au civil, si, dans l'intervalle, il n'a pas été condamné par défaut ou contumace.

Article 480 La peine portée dans le jugement de condamnation par contumace est prescrite par vingt ans à compter de la date du jugement.

Article 481. Mais ce temps passé, l'accusé n'est plus reçu à se présenter pour purger sa contumace.

Les articles 9 et 10 emploient le mot délit dans son acception la plus générale pour désigner toute infraction à la loi pénale ; le rapprochement de ces articles et de l'article premier ne laisse à cet égard aucun doute.

On aperçoit facilement les vices du système établi par le code de Brumaire. Le temps requis pour prescrire reste invariablement le même, quelle que soit la nature de l'infraction ; et pour les infractions les plus graves ce temps est incontestablement trop court. De plus l'inconvénient que présentait le code de 1791 est encore aggravé: pour que la prescription puisse courir, il ne suffit pas que le délit soit connu, il faut qu'il soit légalement constaté.

Le code d'Instruction criminelle devait faire disparaître les imperfections que nous venons de signaler.

Le chapitre V du titre VII qui comprend les articles relatifs à la prescription, fut adopté sans discussion, décrété le 16 décembre 1808 et promulgué le 26 du même mois.

En voici les dispositions principales :

Article 635.—Les peines portées par les arrêts ou jugements rendus en matière criminelle se prescriront par vingt années révolues, à compter de la date des arrêts ou jugements. Néanmoins le condamné ne pourra résider dans le département où demeureraient, soit celui pour lequel ou contre la propriété duquel le crime aurait été commis, soit ses héritiers directs. Le gouvernement pourra assigner au con- damné le lieu de son domicile.

Article 636. — Les peines portées par les arrêts ou jugements rendus en matière correctionnelle se prescriront par cinq années révolues, à compter de l'arrêt ou du jugement rendu en dernier ressort ; et à l'égard des peines prononcées par les tribunaux de première instance, à compter du jour où ils ne pourront plus être attaqués par la voie de l'appel.

Article 637. — L'action publique et l'action civil résultant d'un crime de nature à entraîner la peine de mort ou des peines afflictives perpétuelles, ou de tout autre crime emportant peine afflictive ou infamante, se prescriront après dix années révolues à compter du jour où le crime aura été commis, si dans cet intervalle il n'a été fait aucun acte d'instruction ou de poursuite.

S'il a été fait, dans ce intervalle, des actes d'instruction ou de poursuite, non suivis de jugement, l'ac-

tion publique et l'action civile ne se prescriront qu'a
près dix années révolues, à compter du dernier acte,
à l'égard même dse personnes qui ne seraient pas impliquées dans dcet acte d'instruction ou de poursuite.

ARTICLE 638. — Dans les deux cas exprimés en
l'article précédent, et suivant les distinctions d'é-
poque qui y sont établies, la durée de la prescription
sera réduite à trois années révolues, s'il s'agit d'un
délit de nature à être puni correctionnellement.

ARTICLE 639. — Les peines portées par les jugements rendus pour contraventions de police seront
prescrites après deux années révolues, savoir, pour
les peines prononcées par arrêt ou jugement en dernier ressort, à compter du jour de l'arrêt ; et, à
l'égard des peines prononcées par les tribunaux de
première instance, à compter du jour où ils ne
pourront plus être attaqués par la voie de l'appel.

ARTICLE 640. — L'action publique et l'action civile
pour une contravention de police seront prescrites
après une année révolue, à compter du jour où elle
aura été commise, même lorsqu'il y aura eu procès-verbal, saisie, instruction ou poursuite, si dans
cet intervalle il n'est pas intervenu de condamnation ; s'il y a eu un jugement définitif de première
instance de nature à être attaqué par la voie de
l'appel, l'action publique et l'action civile se prescriront après une année révolue, à compter de la
notification de l'appel qui en aura été interjeté.

Comme les deux codes qui l'ont précédé, le Code
d'Instruction établit une distinction nette et précise
entre la prescription de l'action et la prescription

de la peine. Comme l'ancienne jurisprudence, il fait courir la prescription de l'action à partir du moment où l'acte délictueux a été commis. Le temps requis pour l'accomplissement de la prescription n'est pas fixé d'une manière uniforme ; sa durée varie suivant la gravité de l'infraction ou de la condamnation. Cette *variabilité* constitue une innovation sur la législation intermédiaire tout aussi bien que sur l'ancien droit ; innovation heureuse, en harmonie parfaite avec les données rationnelles, qui servent de base à la prescription criminelle. Nous en dirons autant de l'effet interruptif attribué aux actes d'instruction ou de poursuite : la théorie de l'interruption n'existait qu'à l'état de germe dans les codes de 1791 et de l'an IV, ainsi que nous le verrons en temps et lieu.

Assurément, l'œuvre du législateur de 1808 n'est pas à l'abri de toute critique, mais elle n'en constitue pas moins un progrès immense sur les législations qui l'ont précédée.

SECTION III

Règles communes à la prescription de l'action et à la prescription de la peine

La prescription a toujours pour résultat de soustraire le coupable au châtiment qu'il a mérité ; mais ses effets diffèrent cependant d'une façon sensible, suivant qu'elle s'applique au droit d'action ou au droit d'exécution. Dans ce dernier cas, elle peut être assimilée à la grâce qui relève le condamné de la nécessité de subir la peine, mais laisse subsister toutes les déchéances qui dérivent de la condamnation; dans le premier cas, au contraire, elle peut être assimilée à l'amnistie, qui efface radicalement et met complétement en oubli le fait délictueux.

Avant d'aborder l'examen des règles spéciales à la prescription de l'action et à celle de la peine, nous devons exposer les deux règles suivantes, qui s'appliquent également à l'une et à l'autre :

1° La prescription est de droit public. — De là plusieurs conséquences que nous allons bientô indiquer.

2° En cas de conflit entre plusieurs lois successives, relatives à la prescription, ce sera toujours la plus douce qui devra être appliquée.

A La prescription criminelle est d'ordre public.

Ce principe, qui nous paraît avoir l'évidence d'un axiome, se déduit des considérations mêmes, qui servent de base à la prescription; ce n'est point dans l'intérêt de l'accusé ou du condamné qu'elle a été établie; elle dérive, ainsi que nous l'avons vu, de l'impossibilité où se trouve le pouvoir social d'exercer le droit d'action ou d'exécution, lorsque le temps écoulé a fait évanouir le besoin, et par suite la légitimité de cet exercice.

De là dérivent les conséquences suivantes, qui constituent autant de différences entre la prescription criminelle et la prescription civile.

1° Le délinquant ou le condamné ne peut renoncer à la prescription ni expressément ni tacitement.

2° Elle doit être suppléée d'office par les juges.

3° Elle doit être admise ou suppléée en tout état de cause, devant les juridictions d'instruction, en première instance, en appel, en cassation, et même devant la juridiction saisie à la suite d'un renvoi.

A quel moment la prescription cessera-t-elle donc de pouvoir être utilement invoquée? Au moment seulement où le sort de l'agent du délit sera réglé par un jugement passé en force de chose jugée. Nous devons faire remarquer d'ailleurs que, bien que la décision intervenue soit sujette à recours, la juridiction qui l'a prononcée ne peut plus, dès qu'elle est dessaisie, déclarer la prescription acquise. La cour d'assises, par exemple, qui peut certainement admettre la prescription après la déclaration affirmative du jury, ne le pourrait plus, au contraire, après le prononcé de l'arrêt.

Les chambres du Conseil, remplacées aujourd'hui par les juges d'instruction, et les chambres des mises en accusation, étant chargées par la loi d'apprécier les charges qui résultent de l'instruction et de procéder au réglement de la compétence, ont le droit et le devoir d'appliquer au prévenu le bénéfice de la prescription. Dans quel but, en effet, investiraient-elles les tribunaux de répression de la connaissance d'une affaire, sur laquelle ils ne pourraient plus statuer !

En thèse générale, les décisions de ces juridictions n'ont point une autorité absolue ; leur irrévocabi-

lité est subordonnée à la non-survenance de nouveaux éléments de preuve. (246. ins. c.) Toutefois, le caractère provisoire que la loi leur attribue
disparaît quand elles sont fondées non pas sur l'insuffisance des charges, mais sur l'appréciation en
droit des faits de la poursuite. Il suit de cette proposition, qui ne saurait être contestée, que, si le
juge d'instruction ou la chambre d'accusation avait
déclaré la prescription acquise, la survenance de
charges nouvelles serait insuffisante pour autoriser la réitération des poursuites. La cour de cassation l'a ainsi décidé dans un arrêt du 9 mai 1812.

L'ordonnance ou l'arrêt de non-lieu serait irrévocable, alors même qu'il résulterait d'une erreur
de fait ou de droit. Mais l'irrévocabilité existerait-
elle encore, si la prescription ayant été admise
parce que le fait incriminé ne constituait qu'un
délit, il venait à survenir des charges nouvelles qui
le transformassent en crime et qui modifiassent
ainsi la prescription applicable? Nous ne le croyons
pas. Si ces charges nouvelles étaient suffisantes, le
renvoi du prévenu devant la cour d'Assises pourrait être ordonné. Car la première décision, ainsi
que le dit très bien M. Mangin, n° 391, « ne doit son
existence qu'à l'insuffisance des charges existantes
quand elle a été rendue; elle n'est point indépendante des charges produites alors et de celles qui
pourraient l'être ultérieurement ; elle n'a, au contraire, anéanti tout droit de poursuite, contre le
fait de la plainte, qu'eu égard à l'état des charges,
telles que l'instruction les présentait. »

4° Du caractère de la prescription nous devons tirer cette dernière conséquence que le doute, qui peut exister sur le point de savoir si elle est, ou non, accomplie, doit profiter au délinquant. Comment, en effet, le pouvoir social pourrait-il exercer le droit d'action ou le droit d'exécution sans avoir la certitude que ce droit n'est point éteint !

La règle que nous venons de formuler a été consacrée, en ce qui touche le droit d'action, par un arrêt de la Cour Impériale de Paris du 16 Août 1832. — Cet arrêt a décidé, que dans toute poursuite criminelle c'est au Ministère public d'établir que l'action a été intentée en temps utile. La constatation de la date est l'un des éléments essentiels de la prévention. Cette constatation d'ailleurs peut être faite par tous les moyens de preuve.

B. *En cas de conflit entre plusieurs lois successives, ce sera toujours la plus douce qui devra être appliquée.*

En matière pénale, les lois nouvelles ne sont soumises au principe de la non-rétroactivité qu'autant qu'elles sont plus sévères que celles qu'elles remplacent : si elles le sont moins, elles doivent au contraire rétroagir. Du moment, en effet, que la société a solennellement proclamé et reconnu que les peines antérieurement existantes dépassaient la mesure nécessaire, il y aurait inconséquence et injustice de sa part à en maintenir l'application pour les faits déjà accomplis, mais non encore jugés ! Ces principes sont certains ; ils ont d'ail-

eurs été consacrés par plusieurs dispositions légis-
atives, et notamment par le décret du 23 juillet
1810, relatif à la mise en activité des codes criminels (article 6).

Il faut en étendre l'application aux lois qui concernent la prescription criminelle. Car il est impossible de considérer comme ne faisant pas
partie du droit pénal, et comme réglant un simple
point de procédure, des lois qui statuent sur l'une
des conditions essentielles de l'existence légale
de l'infraction, ou de la mise à exécution de la
peine.

— Occupons nous d'abord de la prescription de
l'action. Lorsque la loi nouvelle en aura abrégé les
délais, l'auteur de l'acte délictueux accompli sous
l'empire de l'ancienne loi pourra certainement se
prévaloir de cette abréviation. Il existe, en effet, un
rapport intime entre la peine et l'action qui tend à
la faire prononcer, et la défense d'appliquer la
peine édictée par l'ancienne loi comprend virtuel-
lement et implicitement la prohibition d'intenter
des poursuites pour des faits qui, d'après la loi nouvelle, doivent être réputés inexistants.

La cour de Cassation n'a pas cependant à l'origine sanctionné l'opinion que nous venons d'émettre : plusieurs arrêts rendus sous l'empire du code
de Brumaire avaient décidé, que la prescription devait se régler tout à la fois par la loi ancienne et
par la loi nouvelle, pour le temps qui avait couru
sous chacune d'elles. On devait faire dans ce système une espèce de règle de proportion : et s'il

s'était écoulé sous la loi ancienne un cinquième par exemple du temps qu'elle exigeait pour prescrire, la prescription devait se compléter avec les quatre cinquièmes du temps requis par la loi nouvelle.

La cour de cassation a abandonné ce système le 9 mai 1812, et depuis lors elle a constamment proclamé les principes que nous avons formulés.

M. Merlin, qui avait soutenu en 1812 le système des prescriptions mixtes, reconnut franchement par la suite l'erreur dans laquelle il était tombé. « Il est évident, dit-il dans son répertoire, voy. prescrip. p. 701, qu'un crime, commis sous l'ancienne loi et poursuivi sous la nouvelle, ne peut être puni qu'autant que l'une et l'autre s'accordent à le déclarer passible d'une peine quelconque ; or de quelle peine est passible un crime qui se trouve prescrit soit d'après l'une, soit d'après l'autre de ces lois ? D'aucune. Donc c'est d'après celle de ces deux lois qui est la plus favorable à l'accusé que l'on doit juger si son crime est prescrit ou non. »

Arrivons à la prescription de la peine. Si la loi nouvelle vient modifier d'une manière générale les délais requis pour la prescription des peines, à la catégorie desquelles appartient celle qui a été prononcée, il n'est pas douteux que le condamné, qu'il l'ait été contradictoirement ou par contumace, ne puisse s'en prévaloir, dans le cas où elle lui est plus favorable que la loi ancienne.

Nous tenons au contraire pour certain que la loi nouvelle ne doit exercer aucune influence sur la durée de la prescription, quand elle vient changer la qualification légale des faits qui ont motivé la condamnation contradictoire ou coutumacielle.

Dans le cas où la condamnation est contradictoire, la solution que nous venons de donner ne fait l'objet d'aucune controverse. Ainsi, un individu est frappé d'une peine afflective pour s'être rendu coupable d'une infraction qualifiée crime par la loi ancienne, mais abaissée au rang des délits par la loi nouvelle : il ne pourra point invoquer la prescription quinquennale. Le caractère du fait délictueux a disparu derrière la condamnation, cette condamnation désormais est seule à considérer ; et la loi nouvelle ne pourrait ici rétroagir sans porter atteinte au principe de la chose jugée.

Sur ce point, répétons-le, accord parfait en doctrine et en jurisprudence. Mais supposez que la condamnation n'ayant été prononcée que par contumace, l'auteur de l'acte délictueux, dont la loi nouvelle est venue changer la qualification, ne se représente ou ne soit arrêté que plus de cinq ans après l'arrêt contumaciel, la justice sera-t-elle réduite à l'impuissance, et devra-t-il échapper à toute répression ? La cour de cassation a admis l'affirmative par un arrêt du 25 novembre 1830, et cette jurisprudence a été approuvée par des auteurs éminents (Mangin n° 297).

Elle nous paraît cependant en opposition directe avec le texte et avec l'esprit de la loi, ainsi que nous essaierons de l'établir ultérieurement. Nous réservons en effet l'exposé de la controverse et des motifs qui déterminent notre conviction : cet exposé trouvera naturellement sa place dans la troisième partie de cette étude, lorsque nous examinerons le cas, tout à fait analogue au précédent, où les débats contradictoires font écarter les circonstances aggravantes et transforment en simple délit le fait qui avait motivé la condamnation contumacielle.

Dans cette hypothèse encore, la cour suprême proclame que, si cinq années se sont écoulées, aucune peine ne peut être prononcée. Nous essaierons d'établir que dans un cas comme dans l'autre sa jurisprudence est dénuée de tout fondement juridique, et repose exclusivement sur des considérations d'équité que la lettre de la loi repousse, que son esprit condamne.

Il peut se faire que dans l'intervalle qui s'écoule entre le moment où l'infraction a été commise, et celui de la poursuite ou du jugement, il ait existé une législation transitoire qui édictât une prescription plus courte que celle de l'ancienne ou de la nouvelle loi. Les principes que nous avons posés, l'assimilation que nous avons établie entre les lois pénales proprement dites, et les lois qui réglementent la prescription, doivent nous amener à décider qu'en pareil cas le délinquant pourrait réclamer le bénéfice de la législation intermédiaire.

DEUXIÈME PARTIE

DE LA PRESCRIPTION DE L'ACTION PUBLIQUE ET DE L'ACTION CIVILE.

CHAPITRE I.

DE LA PRESCRIPTION DE L'ACTION PUBLIQUE.

SECTION PREMIÈRE.

Point de départ de la prescription — Délits continus, complexes et collectifs.

Il résulte des termes mêmes du code d'Instruction que la prescription commence à courir du jour où les crimes, délits ou contraventions ont été commis. Cette règle générale, si différente de celle qui existait sous les codes précédents, comporte pourtant quelques exceptions établies par des lois particulières (Art. 185 C. For. — Art. 184 C. mil. Art. 50 du décret du 2 fév. 1852).

En matière civile la prescription se compte par jours et non par heures. « Le temps de la prescription ne peut compter par heures, disait Bigot de Préameneu dans l'exposé des motifs du titre de la prescription. C'est un espace de temps trop court et qui ne saurait être uniformément déterminé. »

Ces considérations conservent toute leur force en matière criminelle, et il n'est pas douteux que la règle de l'article 2,260 ne doive y être suivie. Toutes les fois que le législateur a voulu fixer un délai par heures et non par jours, il s'en est expressément expliqué (Inst, Cr. 66, 101, 132, 135) .

L'application de la règle précédente fait surgir en droit criminel comme en droit civil une difficulté capitale, qui divise a jurisprudence et la doctrine. Cette difficulté est la suivante : Faut-il dans la computation des délais faire abstraction de la fraction du jour où le délit a été perpétré, ou bien au contraire cette fraction doit-elle être comptée pour un jour entier? Ces deux modes de calcul ont leurs inconvénients, le premier réduit la durée de la prescription en deçà des limites légales, le second l'étend au-delà. Il faut cependant opter. Nous croyons qu'en l'absence d'une volonté législative nettement formulée, la solution doit varier suivant les principes si différents qui régissent la prescription civile et la prescription criminelle. Pour la première, comme elle est vue avec défaveur, l'exclusion du Dies à quo nous paraît devoir être admise ; pour la seconde au contraire, qui présente le caractère d'une disposition d'ordre public, le jour où l'infraction a été commise sera compris dans le délai. N'est-ce point une règle constante en matière criminelle que le doute doit s'interpréter en faveur de l'inculpé ! Et ce principe ne doit-il pas trouver ici son application naturelle, alors que les divergences qui se sont manifestées entre les meilleurs esprits et les juris consultes les plus éminents, viennent démontrer jusqu'à l'évidence que le sens de la loi est obscur et équivoque.

Les textes sont plutôt conformes à notre opinion qu'ils ne lui sont contraires, car, ainsi que le fait si bien remarquer M. Mangin, n° 319, « Quand les articles 637 et 640 du Code d'instruction portent que l'action publique se prescrit à compter du jour du crime ou du délit, ils ne disent pas assurément que ce n'est qu'à compter du lendemain. »

Quant au moment où le délai est accompli et la prescription acquise, aucun doute n'est possible : c'est à l'expiration du dernier jour.

Les infractions ne se prescrivant qu'à compter du jour où elles ont été commises, il en résulte que le temps employé à les commettre, quelle qu'en puisse être la durée, ne doit pas être compris dans le délai de la prescription. La détermination exacte de l'époque où on peut les considérer comme accomplies, comme entièrement consommées, ne laisse pas que de présenter fréquemment des difficultés sérieuses. Si le plus souvent, en effet, l'infraction à la loi pénale dérive d'un fait unique et instantané, renfermé dans des limites de temps parfaitement marquées, dans certains cas au contraire elle est susceptible de se prolonger pendant un intervalle plus ou moins long par la continuité des mêmes actes ; dans d'autres, elle ne se constitue que par la répétition de certains faits, qui envisagés isolément ne sont passibles d'aucune peine, parce qu'ils ne lèsent pas assez gravement l'intérêt social ; d'autres fois enfin, elle implique la réunion de plusieurs faits distincts, pouvant se produire en des temps et en des lieux différents. — Ces diverses situations méritent un examen approfondi.

§ 1. — *Délits instantanés. — Délits continus.*

Parmi les actions illicites, il en est qui cessent dès qu'elles sont accomplies, et qui sont circonscrites dans un espace de temps dont la limite est parfaitement fixée. D'autres, au contraire, sont de nature à se perpétuer, à se prolonger, à se continuer pendant un temps plus ou moins long.

Envisagées à ce point de vue, les actions illicites donnent naissance à deux catégories distinctes de délits. 1° Ceux qui naissent des actions de la première sorte, aussitôt terminés que commis, sont désignés sous le nom de délits instantanés : ce sont les plus nombreux. 2° Ceux qui naissent des actions de la seconde espèce se perpétuent et se prolongent autant que l'action dont ils dérivent et ne prennent fin qu'avec elle. Ces délits, bien que n'étant pas en majorité sont cependant très-nombreux. On les appelle délits successifs ou délits continus. Nous pensons avec M. Ortolan que la dernière expression est plus exacte que la première, qui tendrait à faire croire qu'il y aurait dans le fait de l'agent une multitude de délits se succédant sans interruption, tandis qu'en réalité il n'y a qu'un seul délit, vu l'unité de résolution et de but.

La prescription des délits de la première classe commence dès que le fait unique et instantané qui les fait naître a été accompli ; la prescription des délits de la seconde classe est impossible tant que l'état de culpabilité permanente qu'ils supposent n'a pas pris fin. — La décision que nous venons de donner n'est que l'application de la volonté même du législateur, et l'on ne saurait y voir une exception au principe que tous les délits sont prescriptibles, puisqu'il dépend toujours de l'agent de faire cesser l'obstacle qui s'oppose au cours de la prescription.

Il semble que la division dont nous venons d'indiquer les bases soit d'une extrême simplicité : l'idée sur laquelle elle repose est claire et facile à saisir. Mais quand on descend de la théorie dans l'application, on se trouve en présence de difficultés nombreuses.

Il est assurément un grand nombre de délits sur le caractère desquels aucun doute ne peut s'élever.

C'est ainsi, par exemple, qu'il faut évidemment ranger dans la catégorie des délits continus : le fait de porter les armes contre son pays, la détention d'armes de guerre, la mise en vente de marchandises corrompues, le dépôt sur la voie publique d'objets qui l'embarrassent.

Mais il est certaines infractions, dont la nature ne s'aperçoit pas aussi facilement, et à l'égard desquelles des difficultés réelles se présentent. Ces difficultés tiennent le plus souvent à l'embarras que l'on éprouve à discerner le fait qui constitue l'infraction : Est-ce le premier acte d'exécution ? Ou bien est-ce, au contraire, le fait de persévérer dans l'état qui en est résulté ?

Dans le premier cas l'infraction est instantanée ; elle est continue dans le second.

La première règle, en cette matière, est de rechercher, d'après les termes mêmes de la loi, ce qu'elle a entendu punir. Si le texte est muet ou ambigu, il faut voir dans les éléments complexes du délit ce qui peut être considéré comme l'acte principal, comme l'acte d'exécution. Lorsque la distinction entre cet acte et les faits qui ont pu suivre est nettement marquée, il ne faut pas hésiter à voir dans cet acte même la consommation du délit ; le délit est instantané.

Lors, au contraire, que l'acte d'exécution se confond si intimement avec les faits subséquents, que ces derniers n'en paraissent être que la continuation et le renouvellement, le délit est successif.

Appliquant ces principes au vol et à la bigamie, nous les mettrons l'un et l'autre au nombre des délits instantanés : dans le vol, en effet, ce que le législateur a voulu punir, c'est la soustraction frauduleuse, ce n'est pas la possession illégitime de la chose d'autrui, cette possession n'est que la conséquence du délit, elle ne se confond pas avec lui. Dans la bigamie, ce qu'il a voulu punir, ce n'est pas la cohabitation illicite avec le nouveau conjoint, c'est le fait d'avoir contracté un second mariage avant la dissolution du premier.

Nous allons passer rapidement en revue les principales infractions sur le caractère desquelles les auteurs ou les arrêts sont divisés.

1° Le recel d'un objet volé est-il un délit continu ou un délit instantané? Des auteurs estimés, et notamment M. Faustin-Hélie, le rangent parmi les délits continus : ils en concluent que le recéleur pourrait être poursuivi après la prescription accomplie au profit du voleur. — Nous ne saurions admettre cette doctrine, le recel n'est qu'une complicité d'une nature particulière, soumise à toutes les règles de la complicité ordinaire. Il importe peu qu'il présente en lui-même les caractères d'un délit continu ; il est impossible de l'isoler du fait principal, dans lequel il puise son existence, et en dehors duquel il ne peut être atteint par la loi pénale.

2° Le crime de rapt, qu'il fût accompli par violence ou par séduction, était mis sans hésitation, dans l'ancienne jurisprudence, au nombre des délits continus, parce qu'on le considérait comme consistant, « non pas seulement dans l'enlèvement, mais encore dans la détention de la personne ravie [1]. » Plusieurs criminalistes modernes, imbus des anciens principes, ont reproduit la même décision. Leur opinion nous paraît devoir être rejetée : Nous croyons en trouver la condamnation dans les articles 354 à 356 du Code Pénal.

Il résulte, en effet, de ces articles, que ce que le législateur a voulu punir c'est l'enlèvement, le dé-

---

[1] Jousse, tom. 1, p. 585, n° 56.

placement, le détournement du mineur, actes qu'il est impossible de confondre avec le fait de retenir la victime éloignée de l'autorité à laquelle elle est soumise. L'impossibilité de cette confusion est surtout démontrée par l'assimilation que la loi établit (art. 354) entre l'enlèvement, le détournement ou le déplacement, et le fait de faire enlever, détourner ou déplacer le mineur ; et par cette circonstance que la violence, nécessaire dans certains cas pour constituer le crime, doit précéder ou accompagner le détournement matériel. — Le Code Pénal se se préoccupe pas comme l'ancienne législation du but que le ravisseur peut se proposer. S'il se rend coupable, après l'enlèvement, d'un attentat sur la personne du mineur, c'est là un crime particulier qui peut donner lieu à des poursuites spéciales, mais ce n'est pas la continuation du même crime.

3° Le complot consiste dans la résolution d'agir concertée et arrêtée entre deux ou plusieurs personnes (C. P. art. 89). Ce concert, cette résolution, forment un état permanent jusqu'à ce que le projet ait été mis à exécution ou abandonné. Aussi pensons-nous que le complot est un crime continu, dont la prescription ne peut courir, tant que les circonstances de fait ne démontrent pas que le dessein conçu a été abandonné (M. de Villeret, n° 143).

4° L'association de malfaiteurs, les rassemblements armés, sont des crimes continus. La prescription ne devient possible qu'après la dissolution de l'association ou de la réunion. Faut-il dire avec plusieurs auteurs que les crimes, commis par les malfaiteurs associés ou par des bandes armées, ne deviennent prescriptibles qu'en même temps que le crime d'association ou de réunion? Nous ne le croyons pas. La circonstance que ces crimes ont été commis par une association ou par une réunion séditieuse ne saurait leur communiquer le caractère de délit continu qu'ils n'auraient point par eux-mêmes. L'opinion contraire repose sur une confusion évidente entre le fait de l'association ou du rassemblement et les actes délictueux qui peuvent en être la suite ou la conséquence, mais qui n'en conservent pas moins une existence distincte et indépendante.

5° La suppression de part était regardée dans l'ancien droit comme un crime successif. Il en doit encore être ainsi aujourd'hui, car ce crime ayant pour but de priver un enfant de son état civil, se perpétue tant que dure l'enlèvement ou le recel de l'enfant.

Les mêmes principes sont applicables à la supposition de part et à la substitution d'un enfant à un autre. Tant que l'enfant substitué, ou dont la naissance est supposée, occupe l'état civil qui ne lui appartient pas, le délit se continue et la prescription ne peut courir.

La solution que nous venons de donner est, d'ailleurs, sans intérêt à l'égard du crime de suppression d'état, si l'on admet avec la plupart des auteurs que les articles 326 et 327 du Code civil, en

¹ Cass. 20 juin 1817,

décidant que l'action criminelle ne peut être intentée qu'après que les tribunaux civils ont statué, forment obstacle au cours de la prescription.

6° L'usage d'une pièce fausse est un crime parfaitement distinct de la fabrication de cette pièce. Aussi a-t-il été jugé [1] que la prescription du faux ne s'oppose pas à l'exercice de l'action publique contre celui qui se sert sciemment de la pièce fabriquée.

L'usage de la pièce fausse constitue-t-il un délit continu ou un délit instantané ? La question ne nous paraît pas susceptible de recevoir une solution absolue. Il y a lieu d'examiner en fait quel a été le caractère de l'usage : la continuité, pour ne citer qu'un cas, existerait certainement si la pièce fausse, étant produite dans le cours d'une instance judiciaire, restait déposée au greffe, ou dans le dossier de la partie qui voudrait s'en servir.

La continuité d'un délit empêche-t-elle la prescription de courir au profit des complices de l'auteur principal, dès que leur participation à l'acte criminelle a pris fin? Nous ne le pensons pas; dès que le complice a cessé de fournir sa coopération, l'infraction est terminée quant à lui; la persistance de l'acte délictueux ne peut lui être imputée, et dès lors il n'y aurait aucune raison pour lui enlever le bénéfice de la prescription.

C'est en ce sens que se sont prononcés les deux seuls auteurs, qui, à notre connaissance, aient examiné la question, MM. Brun de Villeret [2], et Hoorebeke.

[1] Cass. 20 juin 1807.
[2] N°" 161 et s. — Hoor. Tr. de la pres. pénale p. 71.

§ II. — *Prescription des délits collectifs.*

Le délit est collectif quand son existence, quand sa formation implique la répétition de faits du même genre. Tel est le délit d'habitude d'usure, tel est aussi le délit d'excitation habituelle des mineurs à la débauche.

La fixation du point de départ de la prescription en matière de délits collectifs, a donné lieu à trois systèmes.

Le premier auquel M. Faustin-Hélie a prêté l'appui de son autorité applique la prescription à tous les faits constitutifs du délit, qui remontent au delà de trois ans : « La loi n'établit pas de distinction, dit ce savant criminaliste, entre les délits qui se composent d'un seul fait et ceux qui se composent de plusieurs faits. Il faut, pour qu'ils puissent être recherchés, que l'action simple ou complexe a qui constitue les uns et les autres, soit en deçà de la ligne marquée par la prescription. Or, si l'un de ces faits se trouve au delà de cette ligne, ce fait, considéré comme élément d'un délit, est comme voilé aux yeux de la loi, il n'a plus d'existence légale, il ne peut servir de base à l'incrimination. Il faut alors ou que l'habitude soit constante indépendamment du fait, ou que le délit tombe à défaut d'une de ses parties. [1] »

Le second système consiste à dire, qu'il faut tenir compte de tous les faits qui ne sont pas séparés par un intervalle de plus de trois années.

[1] Tom III p. 710 711.

Il est exposé dans les termes suivants par M. Trébutien[1]. « Tout fait d'usure ou d'excitation à la débauche commence un délit subordonné à la répétition du même fait : la prescription ne peut donc pas courir, puisque le délit n'est pas achevé. Mais s'il ne s'achève pas avant le délai de trois ans, le fait reste sans importance, faute d'un autre fait sur lequel il puisse s'appuyer. Si au contraire dans l'intervalle il est venu un nouveau fait, alors le délit se constitue, et tous les faits qui se produisent successivement ne formant plus qu'un délit unique c'est à partir du dernier que commencera la prescription. »

Le troisième système, auquel nous nous rallions sans hésitation, déclare la prescription inapplicable aux divers faits d'usure ou d'excitation à la débauche, considérés isolément. Le délit collectif est constitué par un élément essentiellement moral et complexe, qui ne peut être envisagé que dans son ensemble ; c'est cet élément qui sert seul de base à l'action publique, et il n'y a point à se préoccuper dès lors de l'intervalle qui sépare les divers actes qui le composent, pourvu que le dernier de ces actes ait eu lieu moins de trois ans avant le commencement des poursuites.

Lorsqu'un délit collectif est déféré aux tribunaux, les magistrats appelés à statuer, n'ont à apprécier qu'une question d'habitude, une question de moralité, et pour s'éclairer sur cette question ils ont le droit et le devoir d'envisager la vie du pré-

[1] *Jus crimin.* p. 151.

venu tout entière, et de scruter minutieusement ses antécédents.

Cette doctrine, constamment proclamée par la cour de cassation, compte aussi parmi les auteurs de nombreux partisans [1].

§ III. — *Prescription des délits complexes.*

Le délit complexe est celui qui se compose d'un ensemble de faits susceptibles de se réaliser en des temps et des lieux différents. Les divers faits, dont la réunion est nécessaire pour le constituer, ne sont pas susceptibles d'une prescription isolée. En effet, la prescription ne peut courir pendant le temps employé à commettre le délit, et il est censé se commettre, tant que se produisent les divers actes élémentaires dont il se compose.

« Le législateur, dit M. Cousturier [1] n° 103, n'a établi les règles de la prescription que pour les faits reconnus punissables, et non pour chacun des éléments dont ils se constituent, et qui, considérés isolément, ne sont pas en général de nature à éveiller l'action publique. Le dernier acte, l'acte par lequel le délit est consommé, révèle aussi, le plus souvent, l'existence des autres éléments constitutifs et en ravive les preuves. C'est à cet acte par conséquent qu'il convient de rapporter le point de départ de la prescription. »

[1] Sic M. Ortolan n° 1800 ; M. Brun de Billaret, n° 170 et s.
[1] Pres. crim.—Bruxelles 1819.

Comme exemples d'infractions complexes, nous citerons le crime de banqueroute frauduleuse, le délit de banqueroute simple, et le délit d'escroquerie.

L'un des éléments essentiels du crime ou du délit de banqueroute, c'est la cessation des paiements, dont la juridiction criminelle ou correctionnelle déterminera l'époque, sans se préoccuper du jugement rendu par le tribunal de commerce. Cette détermination faite, il faudra, pour fixer le point de départ de la prescription, rechercher si les actes de fraude, que la loi a voulu punir, sont antérieurs ou postérieurs à l'état de faillite. En cas d'antériorité, la prescription ne pourra courir qu'à compter de la cessation des paiements ; au cas contraire, elle ne prendra naissance qu'à partir du jour où les actes de fraude se seront produits.

L'escroquerie implique la réunion de deux éléments, l'emploi de manœuvres frauduleuses et la remise des valeurs obtenues à l'aide de ces manœuvres. Ce n'est qu'après que cette remise aura eu lieu, que la prescription commencera son cours, car cette remise seule consomme le délit. (Paris, 1er juin 1843.)

En matière de délits complexes, la complicité, à quelque époque que se soient produits les faits qui la constituent, ne devient prescriptible qu'en même temps que le délit lui-même ; ce n'est en effet que la perpétration, que la consommation du délit qui lui donne une existence légale et qui la rend punissable.

SECTION II.

De la prescription applicable lorsque la peine n'est pas en rapport avec le titre de l'accusation.

Il peut arriver que les débats modifient le caractère des faits poursuivis, dans le sens de l'aggravation ou de l'atténuation : en pareil cas, sur quoi faudra-t-il se baser pour déterminer la durée de la prescription ?

Il est un premier point qui ne saurait faire l'objet d'aucun doute sérieux, c'est que si les débats amènent un changement dans la qualification légale des faits incriminés, la qualification nouvelle devra seule être prise en considération. Ainsi, qu'un individu soit traduit devant la cour d'assises comme s'étant rendu coupable de vol avec effraction, si le verdict du jury est négatif sur la circonstance aggravante, la prescription triennale pourra certainement être invoquée par l'accusé. A l'inverse, qu'une circonstance aggravante, omise dans l'acte d'accusation, soit relevée dans le cours des débats, la prescription triennale devra être écartée. La jurisprudence et la doctrine sont unanimes dans ce sens. Mais il peut se faire que la criminalité soit diminuée par quelque circonstance particulière, ayant pour résultat un abaissement de pénalité, mais ne modifiant en aucune façon la qualification de l'infraction : cette circonstance particulière peut être l'âge du coupable (A. 67-68 C. P.), l'admission d'une excuse légale (A. 321 et s.) ou la déclaration de circonstances atténuantes (163). — Que faudra-t-il décider dans ces divers cas? L'abaissement de pénalité aura-t-il pour conséquence nécessaire l'abréviation des délais requis pour la prescription de l'acte délictueux?

Deux opinions absolues ont été soutenues : la première est enseignée par M. Faustin-Hélie, la seconde par M. Brun de Villeret.

Le premier de ces auteurs pose en principe que la durée de la prescription est toujours subordonnée à la nature de la peine applicable à l'issue des débats : « La loi, dit-il (tom. iii p. 711), a pris pour base de sa division des infractions, la peine dont elles sont passibles. Elles sont réputées crimes, délits ou contraventions, suivant qu'elles sont passibles d'une peine afflictive ou infamante, d'une peine correctionnelle ou d'une peine de police. La qualification du fait se puise donc dans la nature de la peine applicable. Il suit de là que ce n'est ni le titre de l'accusation, ni la nature de la poursuite, qui déterminent le véritable caractère du fait, c'est la peine qui lui est applicable, d'après l'appréciation définitive, qui en est faite à l'audience ; car la qualification n'est que provisoire, jusqu'à ce que la peine qui est son fondement soit déterminée. La prescription qui est attachée à la qualification, c'est-à-dire à la peine, ne doit donc trouver également la mesure de sa durée que dans la mesure de la peine, dont le fait est passible à l'issue du débat. C'est dans ce sens qu'il faut entendre les articles 637 et 638, qui règlent la prescription. »

Les partisans de l'opinion contraire répondent, qu'il est inadmissible que la qualification d'une infraction puisse dépendre de la condamnation prononcée dans chaque affaire. Le législateur a pris pour base de sa division tripartite la nature de la peine, cela est vrai ; mais la nature de la peine édictée par le Code pénal. Pour savoir à quelle catégorie appartient une infraction, une seule chose est à considérer, c'est la peine que le Code y a attachée. Les modifications, que cette peine peut subir par l'effet de telle ou telle circonstance, ne changent pas la qualification légale ; par suite, elles sont dénuées de toute influence sur la prescription applicable. (Sic. M. de Villeret, n° 191 et s.).

Nous n'admettrons ni l'une ni l'autre des opinions qui précèdent, et nous nous rattacherons à la distinction proposée par M. Ortolan dans son traité de droit pénal (n° 1856). Nous dirons avec lui : « Tout ce qui tient à la culpabilité absolue, dont les conditions sont marquées à l'avance par la loi d'une manière abstraite, applicable à quiconque se trouvera en semblable situation, tout cela doit être pris en considération, selon ce qui sortira de la décision finale du procès. Mais les diminutions de peine qui ne se rapportent qu'à la culpabilité individuelle doivent rester sans influence sur le cours de la prescription. »

Il suit de là que l'admission des circonstances atténuantes qui peut amener la substitution d'une peine correctionnelle à une peine afflictive ou infamante, ou la substitution d'une peine de simple police à une peine correctionnelle, n'aura jamais pour effet d'abréger les délais de la prescription de l'action. Ces délais doivent dépendre exclusivement des déterminations mêmes de la loi sur la gravité des faits : il est impossible qu'ils puissent varier de cause en cause, et flotter, en quelque sorte, au gré des appréciations individuelles des jurés ou des magistrats. Que l'on réfléchisse d'ailleurs aux résultats étranges que le système de M. Faustin Hélie pourrait engendrer. L'admission des circonstances atténuantes permet à la cour d'assises d'abaisser la peine de un ou de deux degrés, et d'appliquer, par exemple, à l'individu reconnu coupable d'un crime puni des travaux forcés, la peine de la réclusion ou celle de l'emprisonnement. Dans ce cas et autres semblables, la Cour pourra-t-elle donc, sans l'intervention du jury, imprimer au fait délictueux le caractère de crime ou de délit !

Un tel résultat blesserait assurément les principes les plus élémentaires en matière pénale et cependant il serait l'inévitable conséquence du système que nous repoussons et que la cour de cassation a du reste constamment condamné.

Il faut reconnaître, au contraire, dans l'opinion que nous adoptons, que l'admission d'une excuse légale où l'âge du coupable, en modifiant l'ordre de peines applicable, modifie par là même la durée de la prescription.

La cour de cassation n'attribue pas cet effet aux excuses légales. Mais il nous semble que sa jurisprudence à cet égard n'est pas en harmonie avec ses propres décisions relatives aux circonstances aggravantes. N'est-il pas vrai de dire, en effet, que dans notre législation les circonstances aggravantes et les excuses légales sont les premières en plus, les secondes en moins, le pendant les unes des autres : si celles-là ont pour résultat d'augmenter les délais de la prescription, celles-ci doivent avoir pour résultat de les réduire.

La cour de cassation admet, au contraire, l'application de la prescription triennale dans le cas de l'article 67, mais si sa jurisprudence est ici conforme à notre propre doctrine, nous ne saurions admettre les motifs sur lesquels elle la base.

Voici les considérants de l'arrêt du 22 mai 1841, le seul qui se réfère directement à la question qui nous occupe : « Attendu que, d'après l'article 637 du code d'instruction criminelle, la prescription de dix ans est établie pour les crimes de nature à entraîner des peines afflictives ou infamantes; que, selon l'article 638, la prescription de trois ans s'applique aux faits de nature à être punis correctionnellement, que la qualification légale d'un fait résulte et de la juridiction à laquelle il est déféré et de la peine qu'il doit encourir; qu'il suit de là qu'un fait de la compétence des tribunaux correctionels se prescrit par trois ans. »

Trois arrêts rendus dans un ordre d'idées analogues ont déclaré les peines de la récidive inapplicables à l'individu reconnu coupable d'un crime, et qui avait été condamné précédemment pour crime

à des peines simplement correctionnelles, à raison
de ce qu'il n'avait pas encore accompli sa seizième
année. « Attendu, portent ces arrêts, que l'attribution donnée aux juges correctionnels de la connaissance des faits à raison desquels ces tribunaux
n'ont prononcé que des peines correctionnelles,
place nécessairement ces faits dans la catégorie des
délits et ne permet pas de leur reconnaitre le caractère de crimes. » [1]

L'attribution à la juridiction correctionnelle de la
connaissance des crimes commis par le mineur,
telle est, on le voit, la principale raison sur laquelle s'appuie la cour de cassation; telle est la considération qui lui parait déterminante; et cela est
si vrai, qu'en matière de récidive elle avait adopté
une jurisprudence diamétralement contraire à celle
que nous venons de relater, avant la promulgation
de la loi du 25 juin 1824, qui est venue modifier
les articles 67 et 68 du code pénal, et substituer,
dans la plupart des cas prévus par le premier de
ces articles, la compétence des tribunaux correctionnels à celle des cours d'assises.

Aucun arrêt relatif à la prescription n'avait été
rendu antérieurement à la loi précitée; mais il est
probable que si la question se fût présentée, la cour
de cassation l'eût résolue autrement qu'elle ne l'a
fait dans l'arrêt de 1811.

Les véritables motifs de décision nous paraissent
cependant entièrement indépendants du change-

---

[1] Cass. 27 juin, 28 oct. 28; 9 févr. 32.

ment législatif introduit en 1824 : il est de principe,
en effet, que la qualification d'un acte délictueux
ne dépend pas de la nature de la juridiction à laquelle il est déféré. S'il en était autrement, ne serait-on pas contrait par la logique de refuser au
mineur le bénéfice de la prescription triennale,
lorsque la présence d'un complice viendrait le
rendre justiciable de la cour d'assises : Il paraît
cependant évident que cette circonstance, ne modifiant en aucune façon la criminalité, doit être dénuée
de toute influence sur la durée de la prescription.

La véritable raison de décider, l'arrêt de 1841
l'indique mais accessoirement et en la reléguant en
quelque sorte au second plan, doit se puiser dans
les termes mêmes de la loi : il résulte, en effet, très
clairement de l'examen et du rapprochement des
articles 637 et 638 que dans la pensée du législateur l'acte délictueux est prescriptible par dix ans
ou par trois ans, suivant qu'il est de nature à faire
encourir à son auteur une peine afflictive, ou une
peine correctionnelle ; or si l'on est obligé de reconnaître que le crime commis par le mineur n'est
passible, dans les divers cas prévus par l'article
67, que d'une condamnation correctionnelle, nous
avons peine à comprendre qu'on puisse lui dénier
le droit de se prévaloir de la prescription triennale.

Nous ferons remarquer en terminant que l'opinion à laquelle nous nous rallions concorde parfait
tement avec les considérations qui servent de base
à la prescription criminelle, et qui ont amené le législateur à établir des délais différents suivant le

plus ou le moins de gravité de l'infraction. Il n'est pas, en effet, exact de dire, comme le fait M. Brun de Villeret, n° 197, « qu'un crime, qu'il soit commis par un majeur ou par un mineur, n'en est pas moins un crime, et trouble à un égal degré l'ordre social. » L'ordre social est certainement moins profondément lésé, quand le fait délictueux émane d'un agent, dont la raison et l'intelligence n'avaient point encore atteint leur maturité et leur plénitude.

SECTION III

Des causes qui interrompent le cours de la prescription.

A la différence de la prescription civile, qui n'est interrompue que par une citation en justice, un commandement ou une saisie, signifiés à celui qu'on veut empêcher de prescrire, la prescription de l'action publique. en matière criminelle ou correctionnelle, est interrompue non-seulement par tout acte de poursuite, mais même par tout acte d'instruction (Art. 637 2° al. article 638).

Les actes de poursuite sont ceux qui ont pour objet, soit de traduire le prévenu en jugement, soit de s'assurer de sa personne ; les actes d'instruction sont ceux qui ont pour but de recueillir les preuves de l'existence du crime et de la culpabilité de son auteur. [1].

(1) Cass. 14 Juin 1816

L'effet interruptif de ces actes se produit, alors même qu'ils ne sont pas dirigés contre l'agent du délit; alors même qu'ils sont dirigés contre l'inconnu, comme il arrive souvent pour les actes d'instruction. Dans tous les cas, en effet, ils conservent le souvenir du délit, dans tous les cas ils tiennent l'opinion publique en éveil, et maintiennent le besoin de l'exemple.

En matière de simple police, le législateur a statué différemment. Déterminé par le peu de gravité du fait et par sa prompte disparition des mémoires, il a exigé impérieusement que le jugement fût rendu dans le délai fixé, ce délai ne serait nullement prorogé par les actes d'instruction ou de poursuite.

L'interruption a pour effet d'effacer tout le temps couru depuis le jour du délit, et de donner à la prescription un nouveau point de départ. Cet effet se produit indéfiniment en droit civil : en doit-il être de même en droit criminel? En d'autres termes, les actes d'instruction ou de poursuite, à quelque époque qu'ils aient lieu, ont-ils pour résultat de donner un nouveau point de départ à la prescription de l'action publique? La plupart des criminalistes résolvent la question dans le sens de l'affirmative, mais si généralement adoptée que soit cette doctrine, nous n'hésitons point à la repousser comme contraire au texte et surtout à l'esprit de la loi, et comme inconciliable avec les précédents historiques.

Elle est contraire au texte. — Que nous dit en

effet l'article 637 ? « Que s'il a été fait dans cet intervalle (c'est-à-dire dans le délai fixé) des actes d'instruction ou de poursuite, l'action ne se prescrira qu'après 10 ans (3 ans s'il s'agit d'un délit), à compter du dernier acte. » Cette rédaction n'est-elle pas évidemment restrictive, et n'en résulte-t-il pas implicitement, que les actes effectués, après que la période décennale ou triennale est expirée, sont dénués de tout pouvoir interruptif? A cet argument, il n'a jamais été fait et il est impossible de faire une réponse satisfaisante.

« Cette interprétation toute judaïque de la loi, dit, il est vrai, M. Brun de Villeret n° 203, méconnaît son esprit. Le législateur avait à établir les effets interruptifs des actes de poursuite. Après avoir posé en principe que l'action publique contre un crime se prescrit par dix ans, il fait exception pour le cas où dans cet intervalle il est intervenu des actes de poursuite. Mais est-ce à dire que l'action ne pourra être conservée que par ceux qui seront posés dans ce délai de dix ans? Non, sans doute. Notre article ne dit pas qu'il n'y aura de valables que ceux faits dans la première période, et ne refuse nullement l'effet interruptif à ceux qui ont été faits plus tard. Il établit le principe de l'interruption, et veut qu'elle ne puisse avoir lieu si les actes n'ont pas été posés dans le délai fixé par la loi. En un mot, il exige que les actes de poursuite, pour pouvoir interrompre la prescription, soient séparés entre eux par un intervalle de moins de dix années. »

Nous avouerons franchement que nous ne saisissons pas la portée de l'argumentation qui précède, car elle revient à dire ou bien que les mots *dans cet intervalle* n'ont aucun sens et doivent être supprimés, ou bien qu'ils expriment tout simplement cette idée, assurément bien naïve, que la prescription ne peut plus être interrompue, dès qu'elle est accomplie. — Affirmation purement gratuite, dans la première comme dans la seconde hypothèse, et que nous n'avons point à réfuter.

Les auteurs dont nous rejetons la doctrine se sont laissé dominer par les principes qui régissent l'interruption de la prescription en matière civile ; mais tandis qu'en cette matière l'application indéfinie de l'interruption est parfaitement rationnelle, elle serait, au contraire, tout-à-fait illogique en matière criminelle. Si les actes d'instruction ou de poursuite retardent en effet l'œuvre du temps, ils n'ont certes pas la puissance de la supprimer, et ce serait se mettre en contradiction avec les considérations qui servent de fondement à la prescription criminelle, que d'attribuer à ces actes l'effet d'en étendre indéfiniment les délais. La prolongation limitée, que le législateur nous paraît avoir établie, satisfait amplement aux exigences sociales. — Vingt ans pour les crimes, six ans pour les délits, telle est, d'après nous, la limite extrême de l'action publique.

Il serait étrange et souverainement injuste, ainsi que le fait observer M. Cousturier n° 18, que la durée de l'action pût s'étendre au-delà du nombre d'années fixé pour l'affranchissement de la peine.

Les précédents législatifs confirment l'interprétation que nous venons de présenter. L'ancienne jurisprudence n'avait admis aucune cause d'interruption, le délai de la prescription ne pouvait jamais excéder 20 ans. Le code de Brumaire, que celui de 1808 est venu remplacer, n'établissait pas une interruption véritable : il décidait seulement que le délai de la prescription serait doublé, lorsque dans les trois ans, qui suivraient la constatation légale de l'infraction, des poursuites auraient été exercées ; cette prolongation du délai ne pouvait en aucun cas être dépassée, mais elle se produisait, à quelque époque des trois années que les poursuites fussent intervenues, de telle sorte qu'il pouvait arriver qu'elles fussent suivies d'une inaction triennale, sans que la prescription fût acquise. Résultat peu satisfaisant, car si une inaction de trois ans, après la constatation légale du délit, suffisait pour l'accomplissement de la prescription, elle devait évidemment suffire, quand elle avait lieu après un acte de poursuite. L'article 637 a fait disparaître cette anomalie, mais rien dans son texte ne révèle de la part du législateur l'intention de modifier la disposition du code de Brumaire, qui fixait comme limite extrême à la durée de l'action le double du délai ordinaire.

Assurément, si le législateur de 1808 avait voulu introduire une innovation aussi radicale que celle qu'on lui attribue, on trouverait dans les travaux

préparatoires quelques passages qui y feraient allusion, et lors de la discussion de l'article 637 au
conseil d'État tout ne se serait pas borné à la
simple observation qui fut faite par le conseiller
d'État Berlier, « que les nouveaux délais portés
par l'article 637 étaient réglés à trois et six ans
par la loi de Brumaire an IV. » Observation qui
semble indiquer, au contraire, qu'un changement
aussi absolu n'est point entré dans la pensée des auteurs du projet.

L'opinion que nous de justifier venons est domi-
nante parmi les jurisconsultes Belges, mais en
France elle n'a rallié jusqu'à ce jour qu'un très-
petit nombre de partisans. Cette circonstance nous
servira d'excuse pour la longeur des développe-
ments que nous avons présentés.

§ I. *A quelles conditions les actes d'instruction ou de
poursuite sont interruptifs.*

L'énumération de tous les actes d'instruction
ou de poursuite ne rentre pas directement dans
notre sujet ; aussi nous bornerons-nous à faire
remarquer, qu'il doivent réunir une double condition pour être interruptifs de la prescription :

1° Ils faut qu'ils émanent d'un fonctionnaire
compétent, ou d'une personne spécialement autorisée par la loi.

2° Ils faut qu'ils soient revêtus des formalités
exigées à peine de nullité.

L'absence de l'une ou l'autre de ces conditions

leur enlève toute valeur et par conséquent tout effet interruptif.

Il suit de là que la prescription n'est pas interrompue.

1° Par la plainte ou la dénonciation adressée au ministère public ou au juge d'instruction. Il en serait autrement si la plainte était accompagnée d'une constitution de partie civile, ainsi que nous le verrons ultérieurement.

2° Par un acte de poursuite fait par un procureur impérial, qui n'est ni celui du lieu du délit, ni celui de la résidence du prévenu, ni celui du lieu de son arrestation.

3° Par la signification d'un jugement correctionnel faite à la requête d'un officier du ministère public étranger au tribunal qui a rendu le jugement.

4° Par tout les actes auxquels les officiers de police judiciaire auraient procédé en dehors de leurs attributions.

5° Enfin, et à plus forte raison, par des actes de poursuite émanés de fonctionnaires ou de tribunaux étrangers.

§ II. *Des poursuites exercées devant un tribunal incompétent.*

Dès que les deux conditions indiquées dans le précédent paragraphe concourent, les actes d'instruction ou de poursuite interrompent la prescription, nonobstant l'incompétence de la juridiction devant laquelle ils ont été effectués. On peut, à l'appui de

cette opinion presque unanimement admis », invoquer le silence de l'article 637, un argument
d'analogie tiré d. l'art. 2246 du code civil, et enfin
un argument plus décisif emprunté aux articles 160,
192 et 193 du code d'instruction, qui loin de
prescrire l'annulation d'une citation donnée devant
une juridiction incompétente lui attribuent au
contraire cer... s effets.

Il importe p que l'incompétence du tribunal
résulte de la r... re de l'infraction ou de la situation privilégié au prévenu : dans l'un et l'autre
cas, l'interr... on se produira.

Il a été... gé sur le premier cas, que la citation
donnée evant le tribunal de simple police à raison
d'un délit correctionnel est interruptive. (Cass. 4 août
1831.)

Sur le second cas, une jurisprudence presque
constante a décidé, que la citation devant le tribunal
correctionnel interrompait la prescription quoique
le prévenu, en sa qualité de magistrat, ne fût justiciable que de la cour d'appel. ¹ M. Cousturier a
combattu cette doctrine, pour le cas du moins où la
citation émanerait du ministère public : le ministère public étant sans qualité, d'après cet auteur,
l'interruption ne se produirait pas.

L'objection n'est pas décisive, car s'il est vrai
que le procureur impérial soit incompétent pour
saisir directement la juridiction spéciale qui doit
connaître du délit imputé au prévenu, il ne faut

(1) Toul. 17 nov. 35. — Orl. 31 déc. 35 — 20 nov. 40 — Cass.
13 J⁽⁾ 37 — 5 avr 39 — 7 sept. 49 — 3 av. 62.

pas perdre de vue que ce magistrat est investi de la plénitude de juridiction dans son arrondissement pour tout ce qui a trait à la recherche et à la poursuite des délits. Il est certainement compétent pour suivre sur le délit considéré en lui-même d'une manière abstraite : il a le droit et le devoir de faire tous les actes nécessaires pour parvenir à la répression. Il a donc pu recevoir la plainte, la dénonciation, procéder en cas de flagrant délit à une information. L'erreur commise au sujet de la juridiction compétente ne peut empêcher l'effet interruptif de l'acte de poursuite. (M. B. de Villeret n° 225)

§ III. — *De l'effet interruptif des jugements.*

La péremption d'instance dans l'ancien droit était, sauf quelques modifications, admise en matière criminelle comme en matière civile.

Il n'en est plus ainsi aujourd'hui : l'instance pendante devant une juridiction répressive ne peut être atteinte par une prescription plus courte que celle établie pour l'action elle-même. La litispendance est d'ailleurs dénuée de toute influence sur le cours de la prescription : La maxime *actiones semel inclusæ judicio non pereunt* est ici sans application [1].

Dès que l'instance a pris fin par un jugement de condamnation définitif, le cours de la prescription de l'action publique est irrévorablement arrêté.

[1] (Cass 23 septembre 1836 — 28 novembre 1857.

Le jugement définitif sert de point de départ à la prescription de la peine. Un jugement est définitif quand il ne peut être attaqué, ni par la voie de l'opposition, ni par la voie de l'appel.

Quand le jugement n'est pas définitif, il ne constitue qu'un acte d'instruction. Il ne peut, en effet, donner ouverture à la prescription de la peine, qui ne commence aux termes de l'article 636, que du jour de la condamnation prononcée en dernier ressort, ou qui n'est plus susceptible d'être attaquée par la voie de l'appel.

En s'attachant à la lettre des articles 637 et 638, on serait tenté de croire que tout jugement, quelle que soit sa nature, fait cesser la prescription de l'action. Mais il n'est pas douteux qu'une telle idée ne doive être rejetée; en principe, en effet, la peine ne peut commencer à se prescrire qu'autant qu'elle est susceptible d'être ramenée à exécution. Le mot jugement, d'ailleurs, ne peut évidemment désigner dans l'art. 637 qu'une décision en dernier ressort, puisqu'il s'agit dans cet article d'une procédure criminelle, et il est naturel de penser qu'il n'a point une signification différente dans l'article 638.

Il faut conclure de ce qui précède qu'un jugement par défaut, ou qu'un jugement contradictoire, contre lequel l'appel a été interjeté, constituent bien des actes interruptifs, mais ne mettent point obstacle au cours de la prescription de l'action.

Il n'y a que les jugements de condamnation non définitis qui interrompent la prescription : les jugements préparatoires ou interlocutoires, qui ont pour but de compléter l'instruction, ont certainement le même résultat.

L'effet interruptif d'un jugement serait détruit par l'annulation prononcée pour incompétence ou pour violation ou omission de formalités essentielles.

§ IV. — *De l'effet interruptif des jugements de simple police*

En matière de simple police, les actes d'instruction sont dénués de toute force interruptive, et la prescription de l'action est acquise après une année révolue, s'il n'est point intervenu de condamnation dans cette intervalle ; s'il y a eu un jugement définitif de première instance de nature à être attaqué par la voie de l'appel, le délai est prorogé pendant une année à compter de la notification de l'acte d'appel (Art. 640)

Le jugement par défaut interromprait-il la prescription ? M. Cousturier l'a soutenu en se basant sur les termes de l'article, qui n'exigent pas expressément que la condamnation soit contradictoire. Cela est vrai, mais il n'est pas possible de séparer les deux dispositions dont l'article se compose, et le rapprochement, la combinaison de ces dispositions, dénote clairement qu'un jugement définitif seul peut empêcher la prescription de s'accomplir. Aussi ne faut-il pas hésiter à décider que l'opposition, formée par le prévenu au jugement par défaut, ne pourra être suivie d'une condamnation, qu'autant que le tribunal statuera dans l'année de la contravention.

Aux termes de l'article 174 ins. cr., le délai d'appel ne court en matière de simple police que du jour de la signification de la sentence. Tant que cette signification n'a pas eu lieu, le condamné peut sans doute interjeter appel, mais il n'y est pas contraint. Cela posé, l'inaction du ministère public ou de la partie civile aura-t-elle pour conséquence de retarder indéfiniment le point de départ de la prescription? Il est impossible de le prétendre, car cette inaction ne doit pas préjudicier aux droits du condamné, et faire revivre contre lui le principe de l'imprescriptibilité que la législation actuelle a complétement proscrit. Lors donc que la signification n'aura pas lieu, c'est à compter du jour du jugement que la prescription courra. Mais quelle sera cette prescription? Sera-ce celle de l'action ou celle de la peine? Nous pensons avec la majorité des auteurs que ce sera la prescription de l'action; le jugement de première instance, étant sous le coup d'un recours éventuel, n'a pas le caractère d'une décision définitive, qui seule peut donner naissance à la prescription de la peine.

§ V. De l'effet interruptif des arrêts par contumace.

L'arrêt par contumace fait cesser la prescription de l'action et y substitue celle de la peine; il est anéanti de plein droit quand le condamné se constitue prisonnier ou est arrêté avant l'accomplissement de cette dernière prescription. Cet anéantisse-

8

ment fait renaitre l'action publique, mais elle ne fait pas revivre rétroactivement la prescription de cette action. Le condamné ne serait point admis à soutenir que cette prescription a couru à son profit depuis le jour de sa condamnation jusqu'à celui de sa représentation, volontaire ou forcée. Il résulte, en effet, très-clairement de l'article 476 que's esdoirts se résument à exciper de la prescription de la peine ou à subir les chances d'une décision contradictoire.

L'action publique qui renaît, dès que l'arrêt contumaciel est mis à néant, est soumise, quant à sa durée et quant à sa conservation, aux règles ordinaires. Quelques auteurs, et notamment M. Mangin, nº 310, ont soutenu, il est vrai, que *la prescription de l'action devait avoir ici la même durée et le même point de départ que la prescription de la peine.* Mais c'est là une idée purement arbitraire, et dont l'application présenterait les inconvénients les plus graves, dans le cas où la représentation du condamné n'aurait lieu que très peu de temps avant l'expiration des vingt années. Alors, en effet, il pourrait arriver que la cour d'Assises fût obligée de déclarer l'action prescrite et d'absoudre l'accusé, contrairement à l'esprit et à la lettre des articles 476 et 641 du code d'instruction. D'un autre côté, si la représentation, au lieu de se produire à une date éloignée, n'était séparée de l'arrêt que par un très court intervalle, la durée de l'action se trouverait prolongée outre mesure, au détriment de l'inculpé.

Le système de M. Mangin a été justement condamné par les criminalistes qui ont écrit le plus récemment sur la matière [1].

Le condamné par coutumace est-il recevable à demander l'annulation de la procédure et de l'arrêt de condamnation, quand ils se trouvent entachés de quelque irrégularité, afin de pouvoir invoquer la prescription de l'action publique?

Deux arrêts de cassation rendus sous l'empire du code de brumaire, dont l'art. 476 était conçu dans les mêmes termes que l'article actuel, ont résolu négativement la question « Attendu que l'effet de la condamnation par coutumace est produit par cela seul qu'elle a existé; qu'elle ne peut dépendre de la régularité de ses formes, puisque d'après l'art. 476 le jugement et les procédures sont anéantis de plein droit, par la mise en accusation volontaire ou forcée, et que conséquemment la validité de ces procédures et jugement n'est plus susceptible d'aucun examen [2]. »

Cette jurisprudence maintenue dans des arrêts récents [3] est conforme à l'esprit de la loi, qui ne permet pas au coutumace de se pourvoir en cassation contre l'arrêt qui l'a frappé (art. 473 ins. cr).

Ajoutons avec M. Mangin, n° 341, » qu'il serait contre les intérêts de l'ordre public d'exposer l'action du procureur général à une prescription contre laquelle il n'a pu se garantir, puisque l'arrêt de con-

[1] Notamm¹ M. Brun de Villeret, n° 241.
[2] 8 juin 1809 — 7 avril 1820.
[3] 1ᵉʳ Avr. 58 — 5 déc. 1861.

— 104 —

tumace lui ôtait tout moyen de la conserver par des
actes de poursuite. »

L'évasion du condamné par contumace, avant
qu'il soit jugé, fait-elle revivre la condamnation
antérieure, et rend-elle inutile une nouvelle procédure contumacielle? Bien que repoussée par un
grand nombre d'auteurs, qui peuvent même citer
à l'appui de leur opinion un arrêt du 18 vendémiaire
an XIV, la négative nous paraît certaine en présence
de l'art. 476 : cet article, en effet, déclare la sentence par contumace anéantie par le seul fait de la
représentation du condamné. Il ne subordonne en
aucune façon cet anéantissement à sa comparution
en justice, à l'intervention d'une décision contradictoire. Tant qu'un nouvel arrêt contumaciel n'aura
pas été rendu, ce sera donc, d'après nous, la
prescription de l'action, et non celle de la peine qui
courra au profit de l'accusé évadé.

§ 6. — *De l'effet des actes d'instruction ou de poursuite
vis-à-vis des individus non-impliqués dans les poursuites et relativement aux délits révélés accidentel-
lement dans le cours d'une information.*

Aux termes du deuxième alinéa de l'art. 637, la
prescription est interrompue par les actes d'instruction ou de poursuite, à l'égard même des personnes
qui n'y seraient pas impliquées. — Cette règle, si
différente de celle qui régit l'interruption en matière
civile, découle, nous l'avons déjà dit, des principes
mêmes qui servent de base à la prescription criminelle.

Il importe d'en déduire brièvement les conséquences :

1° Les poursuites intentées contre l'un des auteurs d'une infraction, conservent l'action vis-à-vis
des co-auteurs ou des complices[1].

2° Les poursuites, dirigées contre l'auteur présumé de l'infraction, interrompent la prescription
contre l'auteur véritable.

3° Les actes d'instruction relatifs à un délit sont
interruptifs de la prescription, non-seulement quant
à ce délit, mais aussi quant à ceux que l'instruction
a pu révéler contre le prévenu.

Cette dernière proposition a été formellement
établie par la Cour de Cassation dans un arrêt du
26 juin 1840. — Dans cet arrêt, elle pose cette règle
générale qu'il n'est même pas nécessaire, pour qu'un
acte de poursuite soit interruptif, qu'il soit fait contradictoirement avec l'auteur présumé du délit ; il
suffit qu'il mette en lumière un fait délictueux. Il
faut donc aller jusqu'à dire que si dans le cours
d'une instruction dirigée contre un individu à raison
d'une infraction déterminée, les actes de poursuite
amènent la constatation d'une infraction entièrement différente commise par un tiers, la prescription
sera interrompue à l'égard de ce tiers.

M. Faustin-Hélie combat cette solution, tom iii,
p. 730.

« La disposition de l'article 637 est rigoureuse,
dit-il ; elle fait peser sur des individus un fait
d'interruption qui leur est étranger ; et dont ils n'ont

[1] Cass. 13 avril 1833 — 14 décembre 1837.

pas même connaissance —elle ne doit donc pas être étendue au-delà de ses termes. Or, cette disposition, en faisant porter l'acte d'interruption, même sur les personnes non-impliquées dans cet acte, n'a entendu parler que des personnes qui auraient participé au crime, objet de l'instruction. Cela résulte à la fois du texte et de l'esprit de cet article qui pose dans son premier paragraphe l'hypothèse d'un crime commis, à raison duquel aucun acte d'instruction n'a été fait pendant dix ans, et qui prévoit, dans son deuxième paragraphe l'accomplissement isolé d'un acte d'instruction ou de poursuite. Il est évident qu'il n'a trait qu'à la procédure qui peut motiver ce crime, et par conséquent qu'aux personnes qui peuvent y être comprises. Cet acte, en préservant les preuves qui constatent le crime, réserve l'action contre tous ses auteurs. Mais s'il s'agit d'un fait qui n'a été l'objet d'aucune poursuite et que le hasard a relevé dans un procès-verbal d'information relatif à un autre délit, comment cette constatation accidentelle, ignorée de tous les prévenus, pourrait-elle interrompre la prescription à leur égard? Le lien qui unit tous les complices d'un délit et qui fait que tous sont frappés dans la personne d'un seul, n'existe plus ici. Le délit a été découvert, et connu, cela est vrai ; mais il ne suffit pas qu'il soit connu ; il faut qu'il ait été rédigé un action d'instruction ou de poursuite qui s'y rapporte, qui ait pour objet d'en constater l'existence et pour effet d'en avertir les auteurs. Or, c'est cet acte qui manque dans l'espèce »

Ces objections n'ont rien de concluant. Le texte

d'abord est tout-à-fait formel, et résiste énergiquement à l'interprétation subtile de M. Faustin-
Hélie. En second lieu, si les actes d'instruction ou
de poursuite sont interruptifs, c'est uniquement
parce que, en révélant l'intention de la partie publique
de constater l'infraction et de réunir les preuves qui
peuvent en faire connaître l'auteur, ils conservent
judiciairement le souvenir du délit et prorogent la
nécessité de la répression. La loi ne subordonne
nullement leur efficacité à la connaissance qu'a pu
en avoir le prévenu. Telle paraît être cependant l'o-
pinion du criminaliste que nous avons cité ; mais
cette opinion est inconciliable avec l'art. 637, car
si elle était exacte, elle aurait pour conséquence
d'enlever tout effet interruptif aux actes d'instruction ou de poursuite, toutes les fois que les prévenus ne seraient pas désignés nominativement dans
l'information.

SECTION IV

Des causes qui suspendent le cours de la prescription

Nous venons de voir que le Code d'instruction,
admet formellement des causes d'interruption. Le
principe de la suspension n'y est au contraire consacré par aucun texte. Faut-il en conclure que le
cours de la prescription ne puisse jamais être suspendu en matière criminelle ? Question grave et
intéressante non pas seulement au point de vue
théorique, mais aussi au point de vue pratique.

Rappelons d'abord quelques principes élémentaires. On sait quelle différence sépare l'interruption de la suspension. La première donne un nouveau point de départ à la prescription, en effaçant tout le temps antérieur ; la seconde, au contraire, ne constitue qu'un obstacle momentané, qui empêche le temps pendant lequel il existe d'être compté dans le calcul de la prescription ; mais dès que cet obstacle a disparu, la prescription reprend son même cours, avec son point de départ primitif, et le temps antérieur s'ajoute à celui qui va suivre.

En matière civile la suspension est fondée sur la règle « *Contra non valentem agere non currit præscriptio ;* » règle dont l'application se justifie par la nature même des considérations qui y servent de base à la prescription, soit qu'on l'envisage comme une présomption d'acquisition ou de libération tirée de l'inertie du propriétaire ou du créancier, soit qu'on y voie une peine civile infligée à cette inertie dans un intérêt général. Bien différent est le principe de la prescription criminelle ! Elle a pour objet, nous l'avons vu, non point de punir l'incurie ou la négligence du ministère public, mais de consacrer légalement les effets d'effacement produits par le temps. Toutes les fois donc que l'impossibilité d'action dérivera de circonstances telles qu'elle n'aura point eu pour conséquence d'arrêter, de ralentir, de restreindre ces effets d'effacement, en maintenant par là même, la nécessité de la répression ; toutes les fois, disons-nous, qu'elle n'aura pas eu un tel résultat, elle ne devra exercer aucune influence sur le cours de la prescription.

Mais s'il arrive au contraire que l'inaction du ministère public se produise dans des situations telles qu'elle retarde nécessairement l'œuvre d'apaisement et d'oubli social, qui peut seule expliquer et justifier l'institution de la prescription criminelle ; ne doit-on pas en pareil cas malgré le silence du Code d'instruction admettre une prorogation de délais? Nous le croyons fermement et nous n'hésitons point à nous rallier à la doctrine généralement admise, mais qui vient de rencontrer tout récemment un puissant contradicteur.

Voici en effet comment s'exprime M. Ortolan dans la dernière édition de son traité de droit pénal, n°° 1873 et 1874.

« Les esprits ne peuvent se dégager de la domination de cet aphorisme du droit civil : *contra non valentem agere non currit præscriptio*, que semble commander la logique ; tantôt on le désavoue et tantôt on l'invoque : même en disant qu'on le repousse, on ne base que sur lui les raisonnements. On ne peut prendre son parti du motif, du seul et véritable motif de la prescription pénale, lequel est tout autre que ceux d'où est sorti l'aphorisme en question; même en énonçant le motif en parole, on en refuse les conséquences. Enfin l'on ne s'accorde pas mieux sur les effets, et l'on marie bizarrement dans une union androgyne ceux de l'interruption à ceux de la suspension.

Le seul moyen de sortir de ce dédale, c'est la

logique, mais la logique inflexible, qui démontre le principe fondamental de la prescription pénale et en déduit imperturbablement les conséquences. Lorsqu'à partir du jour de l'infraction ou du dernier acte interruptif, les délais voulus se sont écoulés sans aucun acte d'instruction ou de poursuite, et à l'égard des contraventions de simple police, sans jugement ; de telle sorte que le temps, faisant tomber par l'oubli public l'intérêt social de la répression, a fait tomber le droit social de punir, quelle qu'ait été la cause d'un tel résultat, négligence, prévarication, empêchement de fait ou de droit, l'action publique n'existe plus. »

Quelle que soit l'autorité de notre savant professeur, nous ne saurions admettre le système radical qu'il enseigne. Ce n'est pas que nous méconnaissions la justesse de la plupart des observations critiques que nous venons de citer ; mais si les motifs sur lesquels on essaie d'asseoir la théorie sont vicieux, s'ensuit-il par là même que la théorie soit erronée ! Évidemment non.

Nous avons à l'avance implicitement répondu au reproche d'inconséquence adressé par M. Ortolan à tous ceux qui, d'accord avec lui sur l'origine de la prescription criminelle, admettent cependant des causes de suspension. L'inconséquence n'existe pas. La logique, et la logique la plus inflexible, nous paraît conduire au résultat que l'on soutient lui être si contraire ; et loin d'exiger que l'on fasse abstraction des événements qui prorogent le besoin de l'exemple ; elle commande, ce nous semble, d'en tenir compte.

Les idées que nous avons émises, la distinction que nous avons indiquée, nous serviront de guide dans l'examen et la solution des difficultés que présente la matière.

Elles nous amèneront à reconnaître tout d'abord, que les obstacles de fait ne peuvent constituer des causes de suspension. Nous n'attribuerons donc aucun effet suspensif ni à la guerre, ni aux troubles de l'État ou autres calamités publiques, ni à la perte d'un dossier ou d'une pièce essentielle, ni à l'ignorance de la part du ministère public de l'infraction commise, cette ignorance fût-elle même le résultat des manœuvres frauduleuses de l'agent. Accord parfait à cet égard entre la doctrine et la jurisprudence.

Les difficultés ne s'élèvent qu'à propos des empêchements qui dérivent de la volonté même de la loi, et qui pour cette raison sont appelés empêchements de droit. Les deux systèmes qui divisent les auteurs nous paraissent trop absolus l'un et l'autre et nous nous permettons de proposer un système intermédiaire, basé sur la distinction précédemment exposée.

Nous allons rapidement passer en revue les divers empêchements de droit, et nous ferons connaître à propos de chacun d'eux la solution que nous croyons devoir adopter.

Ces empêchements sont de deux sortes : les uns suspendent la naissance de l'action publique ; les autres en suspendent simplement l'exercice.

§ 1. — *Des causes qui tiennent en suspens la naissance de l'action publique*

En général, l'action publique prend naissance au moment même de la perpétration du délit : mais il arrive, dans certains cas exceptionnels, que son existence est subordonnée à la réalisation de quelque événement postérieur, qui forme une véritable condition suspensive. Ces cas exceptionnels sont les suivants :

1° L'infraction commise par un agent du gouvernement dans l'exercice de ses fonctions, ou par un membre du Sénat dans quelque circonstance que ce soit, pourvu qu'elle soit de nature à faire encourir à son auteur la peine de l'emprisonnement (et sauf le cas de flagrant délit), ne peut être poursuivie que sur autorisation préalable du Conseil d'État ou du Sénat (art. 75 de la Constit. de l'an VIII. — S. culte des 4-13 juin 1858).

Il n'est pas douteux que l'agent du gouvernement ou le membre du Sénat ne puissent se prévaloir de la prescription, si le ministère public laisse écouler les délais fixés sans faire aucunes diligences tendant à les déférer à la juridiction compétente.

Mais supposez que le ministère public ait fait les diligences nécessaires dans les délais voulus ; supposez que l'autorisation n'intervienne qu'après l'expiration de ces délais, faudra-t-il en conclure que les poursuites seront impossibles ?

Une telle conclusion ne serait-elle point inconciliable avec les principes mêmes qui servent de

base à la prescription criminelle! La situation éle-
vée du prévenu qui a paru commander une protection spéciale ne rejaillit-elle pas directement sur
les faits incriminés, et ne leur imprime-t-elle pas
un éclat qui en rend la répression plus nécessaire?
La nécessité de la répression n'a-t-elle pas été officiellement constatée par la demande d'autorisation
de poursuites, et cette constatation officielle ne doit-
elle pas servir d'obstacle à la prescription?

Que l'on ne dise pas avec quelques auteurs que
la demande à fin d'autorisation ayant pour but de
déférer le prévenu à l'autorité compétente est interruptive. Une telle idée est inacceptable et ne
tranche pas d'ailleurs la difficulté. Elle est inacceptable parce qu'ainsi que le dit M. Brun de Villeret, n° 276, « les seuls actes interruptifs sont les
actes d'instruction ou de poursuite, actes qui ont
pour objet de démontrer la liberté d'action du ministère public, et qu'il est impossible de voir un
acte de ce genre dans le fait même qui atteste son
impuissance; l'article 637 n'a pu avoir en vue des
actes qui ne se rattachent pas directement à l'instruction. »

Elle ne tranche pas la difficulté, car l'interruption n'est pas admise en matière de simple police,
et c'est en cette matière précisément que la question qui nous occupe se présentera le plus fréquemment.

Nous pensons donc qu'il faut voir dans la demande d'autorisation, une cause de suspension,
mais une cause de suspension seulement, de telle

sorte qu'il y aura lieu de tenir compte dans le calcul de la prescription du temps qui aura pu courir antérieurement. C'est à tort, ce nous semble, que MM. Mangin et Faustin-Hélie enseignent le contraire, leur solution ne serait admissible qu'autant que l'empêchement de droit ne serait pas seulement suspensif, mais interruptif : et nous venons de lui refuser ce dernier caractère.

Il est bon, d'ailleurs, de faire remarquer, en terminant, que la demande d'autorisation a pu être précédée d'actes interruptifs. Les dispositions de la Constitution de l'an VIII et du sénatus consulte de 1858 n'y forment point obstacle : elles interdisent simplement la poursuite personnelle, mais ne prohibent pas les actes qui ont pour but de constater le délit.

2° Une deuxième classe d'exceptions au principe que l'action publique prend naissance dès que le fait criminel a été accompli, résulte de la disposition de l'article 327 du code civil :

Article 327. « L'action criminelle contre un délit de suppression d'état, ne pourra commencer qu'après le jugement définitif sur la question d'état. »

Il suit de là que tous les faits délictueux qui ont eu pour résultat de priver un enfant de son état de filiation, ne peuvent être poursuivis tant que l'état n'a pas été réclamé et reconnu par la voie civile. On sait que cette disposition regrettable, qui paralyse l'action du ministère public et permet au coupable de se soustraire facilement au châtiment encouru, a été le résultat d'une erreur législative.

Quoiqu'il en soit, si fâcheuse que nous paraisse cette disposition, il faut bien en accepter toutes les conséquences ; nous croyons que l'inaction forcée, à laquelle le ministère public est réduit, ne saurait avoir pour effet d'empêcher la prescription de s'accomplir. Si le jugement civil n'intervient pas avant l'expiration des délais, l'action criminelle ne pourra plus être intentée. Il nous paraît impossible d'échapper à ce résultat, si l'on ne veut pas se retrancher derrière ce brocard, *«contra non volentem, »*... dont l'application à la prescription criminelle est si justement condamnée.

3° et 4°. Nous décidons et par les mêmes motifs, que la prescription n'est point suspendue à l'égard des délits commis hors du territoire (articles 6 et 7), ou de ceux dont la répression est subordonnée à une plainte préalable de la partie lésée — jusqu'à ce que la condition opposée par la loi à la naissance de l'action publique soit réalisée.

On ne concevrait pas à l'égard des premiers que les délais de la prescription fussent plus longs que pour les infractions commises sur le territoire. Quant aux seconds, le législateur ayant cru convenable de substituer, en quelque sorte, la partie lésée au ministère public, l'inaction de l'une doit engendrer les mêmes effets que l'inaction de l'autre.

§ II. — *Des causes qui suspendent l'exercice de l'action publique.*

1° *Démence du prévenu.* — La démence est destructive de l'imputabilité, quand elle existe au moment de l'accomplissement du fait criminel. Mais si elle ne survient que postérieurement, elle a simplement pour effet de suspendre, tant qu'elle existe, l'exercice de l'action publique.

En général, on range la démence parmi les obstacles de fait, et l'on en conclut qu'elle n'arrête pas le cours de la prescription.

Nous admettons la conclusion, mais nous rejetons le principe. Si la démence est un fait, l'obligation de suspendre les poursuites dérive de la volonté du législateur ; la démence constitue donc un empêchement de droit. Cet empêchement ne met point obstacle au cours de la prescription, parce que l'état d'insanité du prévenu accélère l'œuvre du temps plutôt qu'il ne la retarde : quand cet état a longtemps persisté, le besoin de l'exemple a disparu ; et la condamnation du coupable, dont les facultés intellectuelles sont restées oblitérées pendant de longues années, choquerait la conscience publique plutôt qu'elle ne lui donnerait satisfaction. Nous n'admettrions même pas que la prescription pût être interrompue par les réquisitions du ministère public à l'effet de faire constater par les hommes de l'art la situation mentale du prévenu ; il nous semble que ces réquisitions ne constituent nullement des actes d'instruction ou de poursuite : or, ces derniers actes seuls sont interruptifs.

2° *Mandat de député au Corps législatif.* — Aux termes de l'article 11 du décret du 22 février

1852 : « Aucun membre du Corps législatif ne peut, pendant la durée de la session, être poursuivi ni arrêté en matière criminelle, sauf le cas de flagrant délit, qu'après que le Corps législatif a autorisé la poursuite. »

Cette disposition n'affecte pas l'existence de l'action publique, elle en entrave simplement l'exercice . L'action est née à l'instant même du délit . Mais si elle n'a pas été intentée avant la session, ou si l'infraction ne se produit que pendant sa durée, elle ne peut l'être qu'avec l'autorisation du Corps législatif.

Par les raisons que nous avons fait valoir dans le précédent paragraphe pour les situations, non pas identiques, mais analogues, qui résultent de l'art. 75 de la constitution de l'an viii, et de l'article 6 du sénatus consulte de 1858, nous ne voyons dans la qualité de député une cause de suspension de la prescription durant la session, qu'autant que la demande d'autorisation aura été formée par le ministère public ; et seulement à compter de cette demande jusqu'au jour de l'autorisation accordée ou de la clôture de la session.

3° *Questions préjudicielles.* — On entend par questions préjudicielles les exceptions qui suspendent le jugement d'un crime, d'un délit ou d'une contravention jusqu'à vérification préalable d'un fait antérieur, dont l'appréciation est une condition indispensable de ce jugement.

Les questions préjudicielles peuvent être du ressort de la juridiction administrative ou de la juridiction civile. Dans un cas comme dans l'autre, elles nécessitent un sursis à la poursuite, qui ne pourra être reprise, qu'après que l'autorité compétente aura statué.

La prescription courra-t-elle pendant ce sursis? Ne faut-il pas décider au contraire qu'elle sera suspendue jusqu'à la décision à intervenir? Les solutions précédemment données doivent faire pressentir celle que nous adopterons ici : l'instance pénale est engagée, la nécessité de la répression est publiquement et officiellement proclamée, et le temps plus ou moins long que la juridiction saisie pourra mettre à trancher la question qui lui est soumise, n'aura certes pas pour effet de jeter le voile de l'oubli sur les faits incriminés. On concevrait difficilement d'ailleurs que le prévenu en soulevant au dernier moment une question préjudicielle pût s'assurer l'impunité. Aussi la jurisprudence la plus constante a-t-elle confirmé l'opinion que nous venons d'émettre.

C'est ainsi qu'il a été jugé par de nombreux arrêts, même en matière de simple police, que la prescription ne peut courir pendant le sursis accordé par la juridiction répressive pour faire juger une question préjudicielle de propriété [1].

Il en est de même quand il s'agit d'un sursis accordé pour faire procéder à des constatations qui préjugent le fond, et qui sont du ressort de l'autorité administrative [2].

---

[1] Voy. notam. Cass. 30 janvier 1830.
[2] Cass. 29 août 46.

La prescription reprend son cours dès que la question préjudicielle a été tranchée par une décision définitive : il n'est pas nécessaire pour cela que cette décision ait été signifiée. En matière civile, il est vrai, les jugements ne sont exécutoires qu'après signification ; mais ce principe n'a pas été consacré en matière criminelle.

La fixation d'un délai dans lequel devrait statuer la juridiction saisie de la connaissance de la question préjudicielle, n'aurait aucun caractère obligatoire à l'égard de cette juridiction. Ce n'est donc pas seulement pendant le délai fixé, mais bien jusqu'à ce que la décision définitive intervînt que la prescription serait suspendue ; jusque-là en effet, le ministère public n'est pas recevable à reprendre les poursuites.

Il n'est pas douteux au contraire que la juridiction répressive ne puisse et même ne doive impartir à l'inculpé un délai pour lier l'instance civile ou administrative ; si le délai expire, sans qu'aucunes diligences aient été faites, le ministère public peut agir et la prescription conséquemment reprend son cours.

4° — *Cas où des crimes ou délits non connexes sont compris dans la même poursuite.* Quand un individu est prévenu tout à la fois d'un crime et d'un délit non connexes, il arrive fréquemment qu'en considération de l'article 365 qui prohibe le cumul des peines on surseoit au jugement du délit, jusqu'à ce qu'il ait été statué définitivement sur le crime. Ce sursis est considéré par plusieurs criminalistes comme obligatoire, et par suite comme suspensif du cours de la prescription. Ces criminalistes tirent de là cette conclusion, que si le prévenu a été condamné pour le crime par contumace, puis acquitté à la suite de débats contradictoires, il ne pourra, quel que soit le laps de temps écoulé, se prévaloir de la prescription, en ce qui concerne le délit

Telle est en effet la solution que deux arrêts de Cassation, l'un du 19 janvier 1809, l'autre du 28 Août 1823, ont consacrée.

Cette doctrine nous paraît de tous points erronée. Que ses résultats d'abord soient empreints d'un excès de sévérité, il est impossible de le contester. Comment! des poursuites criminelles ont été exercées contre moi pour des faits, dont j'ai été plus tard reconnu innocent, et ces poursuites auront pour effet de me laisser pendant vingt années sous le coup de l'action publique, à raison du délit dont je suis accusé, alors que cette action n'aurait jamais pu s'étendre au delà de six ans, sans l'erreur judiciaire dont j'ai été victime! Assurément un tel résultat blesse l'équité aussi bien que la raison! Sur le terrain du droit, la doctrine est-elle plus solide? Nous ne le croyons pas. Étant admis d'abord que le sursis fût obligatoire, on ne devrait pas nécessairement en conclure que la prescription est suspendue. Il y aurait lieu de se demander ici, comme dans toutes les hypothèses précédentes, si l'impossibilité d'action a perpétué le souvenir du délit, si elle a maintenu le besoin de l'exemple, et la nécessité de la répression? Réduite à ces termes, la question devrait être résolue autrement qu'elle ne l'a été par les arrêts de 1809 et de 1823.

Mais nous irons plus loin et nous attaquerons la base même de la doctrine. Nous pensons que rien ne fait obstacle, lorsqu'un individu est accusé de plusieurs crimes ou délits, à ce que chacun d'eux soit poursuivi et jugé. Ce n'est pas ici le lieu d'examiner en détail la controverse doctrinale et judiciaire à laquelle les articles 365 et 379 ont donné naissance. Nous nous contenterons de faire remarquer que le texte du premier de ces deux articles semble bien impliquer par ces expressions: *en cas de conviction de plusieurs crimes ou délits*, la nécessité de débats et de décisions judiciaires sur chaque crime et sur chaque délit. Si l'opinion que nous adoptons est exacte, il en résulte que, dans l'hypothèse qui nous occupe, le ministère public pouvait très-bien, nonobstant l'accusation sur le crime, nonobstant l'arrêt contumaciel, faire rendre un jugement par défaut sur le délit. Il n'y avait pas impossibilité d'action : le cours de la prescription n'a donc pas été suspendu.

« D'après l'esprit comme d'après la lettre du Code, dit M. Cousturier n° 99 in fine, la question de sursis ne saurait être qu'une question de convenance, abandonnée à l'appréciation des magistrats ; et s'ils jugent à propos de surseoir à la poursuite des faits les moins graves, le sursis ne saurait avoir pour effet de prolonger l'action au-delà des termes fixés par les articles 637 638, car la prescription se règle par la volonté de la loi et non par la volonté du juge. »

» M. Brun de Vileret cherche à justifier la solution que nous repoussons, tout en reconnaissant qu'elle n'est point exempte de difficulté. « Si l'agent, dit-il au n° 308, pouvait être mis en jugement pour le délit avant qu'il eût été statué sur le crime, il serait exposé à subir d'abord une peine correctionnelle, puis une peine afflictive, ce que défend l'article 365. La mise en jugement n'est donc pas possible, puisqu'on ne pourrait ramener à exécution la condamnation à intervenir. Or il faut aux termes de l'article 375 que toute condamnation soit exécutée dans les vingt-quatre heures après l'expiration des délais fixés. Vainement, dirait-on, qu'on devrait dans ce cas surseoir à l'exécution ; il n'existe aucune disposition qui permette ce sursis. »

L'objection n'est pas invincible ; car si le sursis n'est pas expressément autorisé, ne peut-on pas dire qu'il l'est implicitement par la disposition même de l'article 365, qui prohibe le cumul des peines ?

La controverse que nous venons d'examiner ne peut se présenter quand un prévenu est inculpé d'un crime et d'un délit connexes, dans ce cas, en effet, il n'y a pas seulement possibilité, il y a obligation pour le ministère public de faire statuer simultanément sur le crime et sur le délit (art. 226 ins. civ.), et si l'action n'est exercée qu'à raison du crime, il est évident et reconnu par tous, que le cours de la prescription relative au délit ne sera nullement suspendu.

Nous devons faire, sur cette hypothèse de crimes et délits connexes, cette remarque importante, que si la connexité nécessite la jonction des poursuites, elle n'a pas la puissance de modifier le caractère particulier de chaque infraction, et n'empêche pas d'en déterminer la prescription d'après les règles qui lui sont propres. » (M. Cousturier n° 98). Si donc le ministère public avait quelques raisons de craindre que la prescription ne vînt couvrir un des faits poursuivis, il serait obligé de disjoindre le délit connexe au crime et de requérir une information particulière.

§ 5. *Du Pourvoi en Cassation et de ses effets en matière de simple police.* — Le pourvoi en Cassation est un recours accordé par la loi à la partie poursuivante ou au condamné, pour faire annuler une décision qui viole es dispositions de la loi et qui porte atteinte à leurs droits.

Pendant tout le temps que dure l'instance devant la cour de Cassation, le ministère public est réduit à l'inaction. Cette inaction forcée suspend-elle le cours de la prescription jusqu'à la décision de la cour suprême? L'affirmative semble bien rationnelle, car la nécessité de la répression ne se fait en aucun cas plus vivement sentir. Les débats qui ont eu lieu devant la juridiction dont la sentence est attaquée n'ont-ils pas divulgué et mis en lumière les faits incriminés ? N'ont-ils pas par là même augmenté le besoin de l'exemple?

En matière Criminelle ou Correctionnelle, la question offre peu d'intérêt, d'une part parce que le pourvoi, quand il émane de la partie poursuivante constitue un acte de poursuite interruptif de la prescription ; d'autre part, par cette raison plus générale, que la longueur des délais fixés ne permet guère de supposer que l'instance se prolonge assez pour que la prescription puisse s'accomplir.

Aussi les criminalistes se sont-ils bornés pour la plupart à envisager la question au point de vue restreint des matières de simple police, le seul qui soit de nature à donner lieu à des difficultés prasiques.

On sait en effet qu'en matière de simple police le égislateur n'admet pas le principe de l'interruption. Il exige à peine de déchéance qu'il intervienne une condamnation dans l'année qui suit la contravention. Or ce délai peut être insuffisant en cas d'annulation de la décision rendue et de renvoi devant un autre tribunal. Comment, dès lors, concilier la disposition de l'article 640 avec celle des articles 177 et 413 qui ouvrent la voie du recours en cassation aussi bien au ministère public et à la partie civile qu'au prévenu ?

Si l'article 640, ainsi qu'on l'a soutenu, renfermait une disposition absolue qui ne dût comporter aucune dérogation, il faudrait, en cas de pourvoi en cassation, convenir que les intérêts sociaux seraient bien peu sauvegardés et que le recours ouvert à la partie poursuivante serait illusoire !

Cette difficulté a donné naissance à trois systèmes que nous allons rapidement exposer.

Premier système. — Il faut assimiler le pourvoi en cassation à l'appel. Les motifs qui ont fait proroger le délai dans un cas existent avec la même force, avec la même puissance dans l'autre, et l'excellente règle, *ubi eadem ratio idem jus,* doit recevoir ici son application. La prescription n'est accomplie qu'un an après la notification de l'appel, elle ne le sera qu'un an après la date du pourvoi. Mais il est indispensable qu'une décision intervienne dans ce délai. Un nouveau pourvoi suivi d'annulation n'entraînerait pas une prorogation nouvelle.

Ce système qu'un arrêt de la cour d'Orléans du 11 mars 1836 a consacré, doit être, selon nous, rejeté pour deux motifs. Le premier, c'est qu'il viole le texte si formel de l'article 640 qui n'attribue qu'à l'appel le pouvoir de proroger l'exercice de l'action. Le second, c'est qu'il est peu rationnel de reconnaître un effet interruptif au premier pourvoi et de refuser cet effet à ceux qui peuvent suivre. Logiquement, la différence que l'on établit est inexplicable.

Deuxième système. — Le pourvoi en cassation est à la fois interruptif et suspensif de la prescription, de telle sorte que le délai d'un an ne commence à courir qu'à compter de l'arrêt de cassation portant renvoi devant un autre juge.

La cour de cassation a consacré ce système par deux arrêts, le premier du 21 octobre 1830, le deuxième du 16 juin 1836, et sa jurisprudence a été approuvée par MM. Mangin et Faustin-Hélie. Malgré cette réunion imposante d'autorités, nous croyons que le système n'a pas une base juridique bien solide. La règle que pose l'article 640 est inflexible, absolue. Une seule exception est admise, on ne peut sans arbitraire en créer une seconde. Vainement cherche-t-on à éluder cette objection de texte en disant, « que l'article 640 n'ayant point assigné un effet particulier aux pourvois ni aux arrêts de cassation, il les a laissés sous l'empire des règles générales. Or, l'effet légal d'un recours en cassation régulièrement formé est de conserver l'action publique et l'action civile en interrompant la prescription qui courait contre elle. »

Cette argumentation repose sur une pétition de principes. Si le pourvoi en cassation en thèse générale est interruptif de la prescription, c'est qu'il constitue un acte d'instruction ou de poursuite rentrant dans les termes des art. 637 et 638, Or l'article 640 a eu précisément pour but de déroger aux dispositions de ces deux articles et de refuser, en matière de simple police, aux actes d'instruction ou de poursuite l'effet interruptif qui leur avait été attribué en matière criminelle et correctionnelle. Il est évident, d'ailleurs, que le pourvoi en cassation ne saurait avoir le double effet qu'on lui attribue, quand il est formé, non par la partie poursuivante, mais par le condamné, car il est de principe ; que les actes émanés, des prévenus, des accusés ou des condamnés, ne peuvent leur être opposés comme interruptifs de la prescription. (M. Couturier, n° (32)

Troisième Système. — Le pourvoi en cassation a pour unique effet de suspendre le cours de la pres cription, pendant la durée de l'instance en cassation Le point de départ de la prescription sera toujours le moment de la contravention, ou de la notification de l'appel, quand il s'agira d'une affaire soumise à deux degrés de juridiction; seulement, il faudra défalquer le temps qui se sera écoulé depuis le pourvoi jusqu'à l'arrêt de cassation. Dans le cas de plusieurs pourvois successifs plusieurs défalcations devront être opérées.

Ce système respecte le texte de l'article 640, sans compromettre les intérêts de la société. Aussi n'hésitons-nous pas à l'adopter. Il a été formellement consacré par un arrêt de la cour de cassation belge du 11 mars 1836, dont nous citerons les considérants, car les principes y sont nettement formulés.

« Attendu que l'article 640, en n'accordant qu'un an au ministère public pour obtenir un jugement de condamnation, et en écartant tous actes qui en thèse générale opèrent l'interruption de la prescription, n'a eu pour effet que d'imprimer à la poursuite de ces contraventions une marche rapide, mais nullement de mettre le ministère public dans l'impossibilité de parvenir à la répression de ces infractions, lorsque par le fait de la partie prévenue et de la loi, il aura été mis dans l'impossibilité d'agir ; que cela résulte évidemment de la partie de l'article qui, en cas d'appel, accorde un nouveau délai d'un an pour l'exercice de l'action publique ; que s'il est vrai de dire qu'en matière criminelle tout est de stricte interprétation, et qu'on ne peut étendre par analogie aux pourvois en cassation une disposition qui n'a été portée que dans le cas d'appel, cette maxime ne peut être invoquée que pour le cas ou l'on voudrait, à l'instar de ce qui a lieu pour l'appel, accorder un nouveau délai d'une année à dater de la notification du pourvoi en cassation et nullement pour le cas où, en déduisant le temps d'inaction forcée, dans laquelle les actes légaux du prévenu ont placé le ministère public, on trouve que celui-ci n'a pas eu l'année entière accordée par l'article 640, pour parvenir à la répression de la contravention ; qu'alors l'esprit dans lequel a été porté cet article, ainsi que les principes généraux veulent que le temps d'inaction forcée soit déduit du temps utile pour poursuivre. »

CHAPITRE II

DE LA PRESCRIPTION DE L'ACTION CIVILE

SECTION I

Caractères généraux de l'action civile. Condition de son exercice et de sa durée.

Toute infraction peut donner naissance à deux actions parce qu'elle peut léser deux intérêts. Elle lèse nécessairement l'intérêt public par cela seul qu'elle réalise un fait défendu ; elle peut léser l'intérêt privé, si ce fait défendu cause un dommage à autrui. L'action publique a pour objet la réparation du préjudice social ; l'action civile a pour objet la réparation du préjudice privé. La première ne peut être exercée que par le ministère public ; la seconde appartient à la partie lésée ou à ses représentants. Bien qu'ayant une origine commune, ces deux actions diffèrent donc, et par le but qu'elles se proposent, et par la qualité des personnes qui peuvent les intenter.

L'action civile peut être portée devant la juridiction criminelle, concurremment avec l'action publique dont elle devient alors un accessoire, ou devant la juridiction civile : dans ce dernier cas, l'exercice en est suspendu, « *tant qu'il n'a pas été prononcé définitivement sur l'action publique intentée avant ou pendant la poursuite de l'action civile.* » (Art. 3 Justr. Crim.)

Aux termes des articles 637, 638 et 640 l'action civile se prescrit par les mêmes délais que l'action publique. Cette assimilation, déjà consacrée par le code de brumaire (Art. 9-10), n'était pas admise par la loi romaine et avait donné lieu dans l'ancien droit à de profondes divergences doctrinales et judiciaires. Mais elle avait fini par prévaloir dans la pratique du parlement de Paris.

— Sur quels motifs cette assimilation est-elle fondée? Logiquement, rationnellement est-il possible de la justifier? La considération qui paraît avoir dominé ceux qui l'ont fait introduire et qui l'ont préconisée, c'est que « l'action pour dommage et intérêts procédant d'un crime est accessoire et dépendant du crime, et qu'ainsi l'une étant éteinte, l'autre l'est aussi, suivant cette maxime de droit que *accessorium sequitur naturam principalis*. [1] »

Cette considération n'est rien moins que décisive, des motifs plus sérieux ont été invoqués : d'abord, le scandale que feraient naître la divulgation et la constatation judiciaire d'une infraction, à une époque où la société désarmée ne pourrait en poursuivre la répression; puis, la nécessité de prévenir des débats irritants, susceptibles de réveiller et d'entretenir des haines privées ; enfin, l'utilité pour le pouvoir social de se donner dans la partie lésée, par la limitation des délais qui lui sont assignés, un auxiliaire plus actif.

De ces diverses considérations, aucune, à notre

[1] Juisse Tr. de la justice criminelle tom. 1 p. 601.

sens, ne satisfait complétement la raison et n'explique suffisamment l'union intime que l'on a établie entre deux droits, dont la nature est si profondément distincte. La doctrine de la loi Romaine nous parait bien préférable à celle que le législateur de 1808 a consacrée. Les résultats singuliers et souverainement injustes que cette dernière doctrine engendre en sont la condamnation la plus décisive. Qu'un incendie soit occasionné par une imprudence qui ne tombe pas sous l'application de la loi pénale, la victime du désastre peut agir pendant trente ans contre celui qui l'a causé. Que l'incendie soit, au contraire, le résultat d'un fait délictueux, la faculté de poursuivre la réparation du dommage éprouvé se prescrira par dix ans ou par trois ans, ou même par un an, suivant que ce fait délictueux constituera un crime, un délit, ou seulement une contravention de simple police.

Ces variations de délai, parfaitement logiques en ce qui concerne la prescription de l'action publique, sont inexplicables, et demeureront inexpliquées, quoi qu'on fasse, par rapport à l'action civile.

Quoiqu'il en soit de ces critiques, et si regrettable que nous paraisse la disposition législative qu'elles concernent, ce n'est pas une raison assurément pour que nous cherchions à restreindre la partie réelle de cette disposition ainsi que plusieurs auteurs ont essayé de le faire. Quand une loi existe, on peut en signaler les vices, en solliciter la réformation ; mais tant que l'abrogation n'en a pas été prononcée, le devoir de l'interprète, comme celui du magistrat, est d'en accepter toutes les conséquences, bonnes ou mauvaises. Nous nous conformerons à cette ligne de conduite dans l'examen des diverses questions qu'a fait surgir la matière que nous abordons.

— L'action civile résultant d'un fait délictueux se prescrit-elle par les délais fixés dans les articles 637-640, dans le cas où elle est intentée devant les tribunaux civils ; ou bien n'est-elle alors soumise qu'à la prescription trentenaire ? Quelques auteurs se sont prononcés dans ce dernier sens en invoquant tout à la fois les textes et les principes. Les textes ! L'article 2,262 du code civil fixe la prescription de toutes les actions à trente ans. Il s'applique évidemment aux actions qui procèdent de l'article 1,382 ; aux termes duquel l'auteur d'un fait dommageable, quelconque est tenu d'indemniser celui qui en a été victime. Donc, en tant que l'on réclame uniquement l'application de cet article et la réparation du préjudice causé, c'est la prescription de l'article 2262 qui est applicable. Les principes ? Quand l'action civile est exercée en même temps que l'action publique, elle en devient un accessoire, et il est naturel que le sort de l'accessoire soit subordonné à celui du principal. — Mais lorsqu'elle est soumise à la juridiction civile, elle a une existence complétement indépendante, et doit être régie par les règles ordinaires. Ne serait-il pas bizarre que l'agent, pour avoir violé tout à la fois la loi civile et la loi pénale se trouvât dans une situation meilleure que s'il eut uniquement violé la loi civile?

La demande n'a d'ailleurs qu'un but, la réparation du préjudice causé ; que le défendeur ait commis un fait délictueux, ce n'est pas là ce qu'on soutient ; ce qu'on veut établir, c'est qu'il a commis un fait dommageable. Comment dès lors serait-il fondé à repousser la prétention si légitime de son adversaire, en prouvant qu'il s'est rendu coupable d'un crime ou d'un délit, en argumentant ainsi de sa propre turpitude ! N'est-il pas généralement reconnu que, *nemo auditur turpitudinem suam allegans.*

Cette argumentation est la critique de la loi, mais n'en est certes pas l'interprétation. A peine nous paraît-elle mériter l'honneur d'une réfutation ! Les textes et les principes, qu'elle prétend invoquer, se retournent contre elle avec une force irrésistible.

Les principes d'abord ! On ne comprendrait pas, on ne saurait comprendre, qu'une action put être soumise à deux prescriptions différentes, suivant qu'elle serait intentée devant telle ou telle juridiction. Ce n'est pas par la juridiction à laquelle elle est déférée que se détermine la nature d'une action ; c'est par le caractère qui lui est propre. Or, que l'action civile soit portée devant les tribunaux civils ou devant les tribunaux criminels, son caractère reste le même, elle dérive toujours d'une infraction à la loi pénale, elle a toujours pour objet la réparation du préjudice causé.

Les textes d'ailleurs ne sont-ils pas décisifs? Ne repoussent-ils pas énergiquement la distinction que l'on veut établir? L'article 2 I. cr. dispose que *« l'action publique et l'action civile s'éteignent par la prescription, ainsi qu'il est réglé au livre II, titre VII, chapitre V, de la prescription. »* Or, cet article prévoit évidemment le cas où l'action est portée devant les juges civils, puisqu'il déclare dans son deuxième alinéa, qu'elle peut être intentée contre les représentants du prévenu.

Cet argument est péremptoire. L'article 642 en fournit un autre qui ne l'est pas moins, quand il décide *« que les condamnations portées par les jugements rendus en mati.. c´criminelle, correctionnelle ou de police, se prescrivent d'après les règles du Code civil. »* Il est évident, en effet, qu'il n'eût pas été nécessaire de dire que la prescription trentenaire serait seule applicable aux condamnations obtenues par l'exercice de l'action civile, si cette prescription était applicable à l'exercice même de cette action.

L'assimilation absolue des deux actions est tellement certaine que le législateur a cru devoir y formuler une dérogation expresse dans le cas spécial prévu par l'article 29 de la loi du 26 mai 1819, aujourd'hui abrogé.

Qui ne voit, d'ailleurs, que restreindre au cas où l'action civile est portée devant la juridiction criminelle la disposition législative que nous commentons, c'est lui enlever toute portée et toute signification. Qu'était-il besoin, en effet, de déclarer que les tribunaux répressifs seraient fermés à l'action accessoire, dès qu'ils le seraient à l'action principale.

Ajoutons enfin que le code de 1808 n'a fait que confirmer l'opinion qui avait prévalu dans l'ancien droit, et que le code de brumaire avait consacrée.

Encore un mot. On objecte que le défendeur ne saurait être fondé à argumenter de sa turpitude, et à invoquer le caractère délictueux du fait pour échapper à l'application de l'art. 1382. — On a très justement répondu qu'en invoquant le caractère délictueux du fait il ne s'en reconnait nullement l'auteur. Il se borne à examiner la nature de l'action intentée, et sans discuter si la preuve de cette action est faite ou non, il oppose qu'en la supposant fondée elle serait irrecevable aux termes mêmes de la loi. Or, il ne peut dépendre du demandeur d'éviter une fin de non recevoir légale, en déguisant son action et en altérant son caractère.

La solution, que nous venons de justifier, ne doit-elle pas, du moins, comporter une exception, pour le cas où un jugement de condamnation a été rendu à la suite de l'exercice de l'action publique? L'affirmative, soutenue par de bons esprits, a été consacrée par plusieurs arrêts, qui se sont appuyés sur ce qu'en pareil cas : « Les tribunaux civils n'ont aucun fait à constater, mais seulement à faire droit sur une demande en réparation du préjudice causé, comme l'aurait fait le tribunal saisi de poursuites criminelles, si la partie s'était présentée devant lui pour obtenir des intérêts civils. » (Caen, 8 janvier 27).

Cette doctrine est complétement arbitraire et la cour de cassation l'a justement condamnée[1]. Les articles 637-640 règlent la prescription de l'action civile dans les termes les plus généraux, sans distinguer, en aucune manière, le cas ou elle a précédé, accompagné ou suivi les poursuites du ministère public.

« Que la condamnation du prévenu, dit M. Mangin n° 355, dispense le juge saisi de l'action civile de rechercher la preuve du fait qui a occasionné le dommage, dont on lui demande la réparation : que la chose jugée au criminel ait autorité sur la question qui reste à juger au civil, rien de plus certain ; mais que conclure de là quand au délai dans lequel l'action civile doit être formée ? La cour de Caen a confondu la condamnation du prévenu en des dommages-intérêts qui véritablement ne se prescrit que par trente ans avec sa condamnation envers la vindicte publique ; cette dernière condamnation est un moyen péremptoire, elle est un titre pour obtenir des réparations civiles ; mais elle ne tient pas la place du jugement, du titre qui les accorde. »

Quand l'action publique a abouti à une déclaration de non-culpabilité, il n'est pas douteux, au contraire, que l'action en réparation du préjudice causé n'est plus soumise qu'à la prescription trentenaire. Le principe de l'autorité de la chose jugée ne laisse place, à cet égard, à aucune incertitude ; il est désormais établi que le prévenu n'a commis

[1] Cass., 3 août 1811.

ni crime, ni délit, ni contravention ; et l'art. 1382 peut seul servir de base à la demande en dommages-intérêts.

- L'action publique est éteinte par la mort du prévenu, mais l'action civile peut être exercée contre ses représentants. En pareil cas, on décidait, dans l'ancienne jurisprudence, que la prescription trentenaire était seule applicable. « L'action civile, disait-on, n'étant plus une dépendance et un accessoire de l'action criminelle, le droit commun doit reprendre son empire[1]. » Cette décision ne peut plus être admise. L'extinction de l'action publique ne modifie pas le caractère des faits, qui servent de fondement à l'action civile : cette action repose toujours sur un acte délictueux, et doit être intentée, par conséquent, dans les délais de la prescription criminelle[2].

Même solution, au cas où l'action civile serait dirigée contre une personne déclarée civilement responsable par l'article 1384 du Code Napoléon.

- La prescription de l'action civile résultant d'un crime, d'un délit ou d'une contravention, a pour effet d'établir la présomption légale que l'acte dommageable n'a point existé. Aussi interdit-elle à la partie lésée non-seulement toute demande en dommages-intérêts, mais encore toute demande en restitution des objets enlevés par suite du délit. La restitution n'est, en définitive, que la réparation

[1] Jousse., t I p. 6 ?
[2] Cass., 3 août 11.

principale du préjudice causé ; et, tout aussi bien que l'indemnité à laquelle la partie lésée peut avoir droit, elle émane directement du fait délictueux, et est subordonnée à sa constatation. On comprend que dans l'ancien droit, en l'absence de toute disposition législative, on ait pu établir entre la restitution et l'indemnité une distinction, qui avait sa base dans les principes de la loi Romaine ; mais cette distinction, qui n'avait d'ailleurs prévalu que dans le ressort de quelques parlements, ne saurait être admise aujourd'hui : il nous paraît impossible, sous l'empire de la loi actuelle, de diviser les effets de l'action civile et de soumettre les divers éléments qui la composent à deux prescriptions tout-à-fait distinctes.

Cette doctrine a été proclamée par un arrêt, remarquablement motivé, de la cour de Bordeaux, du 15 avril 1829.

Gardons-nous, toutefois, d'en exagérer la portée.

Les réparations civiles qui découlent uniquement du délit, qui y trouvent leur fondement exclusif, sont les seules qui soient soumises à la prescription criminelle. Cette prescription cesse d'être applicable, au contraire, toutes les fois que l'action privée peut être considérée comme indépendante du fait incriminé, toutes les fois qu'elle dérive *ex contractu* et non *ex delicto*.

Ainsi l'art. 108 du Code pénal punit de peines correctionnelles la violation d'un dépôt, et le détournement d'effets, de billets, de marchandises, confiés à un tiers à la charge de les rendre ou de les représenter. Est-ce à dire que l'action en restitution soit éteinte trois ans après la violation du dépôt ou du mandat ? Évidemment non. Antérieurement à cette violation, le mandataire ou le dépositaire était soumis à l'obligation de rendre les objets à lui confiés. Le délit dont il s'est rendu coupable n'a pu modifier la nature de son obligation primitive, et altérer le droit du créancier en réduisant les délais qui lui étaient impartis. Sans doute si le délit a causé un dommage autre que celui qui résulte de la perte des objets confiés, la réparation de ce dommage ne pourra être poursuivie que pendant trois années ; car cette répétition procède du délit, mais l'action en répétition a son principe ailleurs; ce n'est pas le délit, c'est le contrat préexistant qui lui a donné naissance.[1]

C'est par application de ces principes que la cour de cassation a jugé, par un arrêt du 23 septembre 1822, que l'action intentée à raison d'un délit de péculat reproché à un receveur de l'enregistrement, n'était soumise qu'à la prescription trentenaire, parce que ce fonctionnaire était, comme comptable, tenu de la restitution des sommes par lui reçues, antérieurement au fait du détournement.

— La prescription n'empêche pas de faire valoir à titre d'exception les faits qui auraient servi de base à l'action prescrite. Il est de principe, en effet, que toute exception dure aussi longtemps que l'action principale, à laquelle elle est opposable : *Quæ temporalia sunt ad agendum perpetua sunt ad excipiendum.*

[1] Cass. 16 avril 1815.

L'applicabilité de cette maxime, sous la législation actuelle, aussi bien en matière criminelle qu'en matière civile, est reconnue par la jurisprudence,[1] et enseignée par les auteurs les plus recommandables.

Il suit de là, que l'individu, auquel un titre aurait été extorqué ou surpris, serait toujours recevable à opposer à la demande, formée contre lui en vertu de ce titre, les faits de violence, de force et de contrainte, ou les manœuvres frauduleuses, à l'aide desquelles la signature ou la remise de l'acte aurait eu lieu.

Dans ce cas et autres semblables, dit M. de Villeret n° 347. « Ce n'est pas, à proprement parler, de l'exercice d'une action civile qu'il s'agit, mais d'un moyen de défense opposé à la réclamation de l'adversaire. Or la défense est de droit naturel et dure autant que l'action. »

Quand l'action civile a été portée, en temps utile, devant les tribunaux civils, elle n'est plus soumise pour tout ce qui tient à la procédure et à sa conservation qu'aux règles et aux délais établis pour les instances ouvertes devant cette sorte de juridiction. Il n'est nullement nécessaire que la décision judiciaire soit rendue avant l'échéance des délais fixés par le code d'instruction. Il est de principe, en effet, devant la juridiction civile, que, dès que l'instance est engagée, il n'y a

---

[1] Cass. 25 mars 1829.

plus de prescription possible de l'action. L'instance seule est soumise à une prescription d'une nature particulière, appelée péremption, et qui peut, lorsqu'elle est prononcée, avoir pour conséquence l'extinction de l'action. Cet effet attribué à la litiscontestation, et que le droit romain avait déjà consacré. (*Actiones semel inclusæ judicio salvæ permanent*), dérive de la force même des choses. Aussi pensons-nous, qu'il est impossible d'en refuser le bénéfice à la partie lésée par une infraction, en l'absence d'une disposition qui le lui enlève expressément. Les articles 637 à 640 se bornent à exiger que l'action civile soit intentée avant l'extinction de l'action publique ; mais ils n'ont certainement pas entendu rendre la partie lésée victime des lenteurs judiciaires.[1]

L'opinion contraire à celle que nous venons d'exprimer confond deux choses essentiellement distinctes, « l'exercice de l'action qui est, quant à l'époque où elle peut être mise en mouvement, soumise aux règles du droit criminel, et la *litis-contestation*, qui est régie par les principes du droit commun » (M. B. de Vill. n° 359).

Faisons remarquer d'ailleurs, avec le même auteur loc. cit. « que l'instance n'emporte pas interruption de la prescription de l'action civile ; c'est une sorte de suspension que produit la *litiscontestation*. Mais si l'instance était frappée de péremption, et que les délais fixés pour la prescription criminelle se fussent accomplis pendant le cours

[1] Cass. 22 janvier 1816.

de l'instance, il est incontestable que l'action civile serait éteinte. »

— La prescription de l'action civile, doit-elle être suppléée d'office par le juge, et peut-elle être opposée en tout état de cause?

En général on résout la question affirmativement ou négativement, suivant que l'action publique est portée devant les tribunaux de répression conjointement avec l'action publique, ou intentée séparément devant les tribunaux civils.

Cette distinction nous paraît inadmissible, car elle méconnaît ce principe, souvent invoqué, que la nature de la prescription ne dépend en aucune façon de la juridiction saisie. Il faut donc nécessairement décider, ou que la prescription devra toujours être suppléée d'office, ou qu'elle ne pourra jamais l'être. C'est dans le premier sens que nous nous prononcerons ; l'opinion adverse soutenue d'ailleurs par un seul auteur, M. Legraverend, aurait ce résultat, tout à fait contraire à la volonté du législateur, de permettre à l'action civile de produire ses effets après l'extinction de l'action publique.

Il est évident que, si la prescription doit être suppléée d'office, les parties intéressées ne peuvent y renoncer ni directement, ni indirectement, même dans le cas où l'action a été déférée à la juridiction civile [1].

[1] Paris, 24 février 1853

SECTION II.

De l'influence que peut avoir l'exercice de l'action publique sur la prescription de l'action civile et réciproquement.

§ 1. — *Effets des actes de poursuite ou d'instruction, émanés du ministère public.*

L'action civile, nous le savons, peut être intentée devant les tribunaux de répression conjointement avec l'action publique, ou séparément devant les tribunaux civils. Dans les deux cas, elle est conservée par tous les actes qui interrompent la prescription de l'action publique. Cela n'est pas moins certain dans le second cas que dans le premier, car ainsi que le fait excellemment observer M. Mangin, n° 354 : « Les réparations civiles supposent l'existence d'un fait punissable qui leur sert de base ; comment concevrait-on, dès lors, que l'action pour les obtenir pût se prescrire, pendant que le ministère public agit pour établir la preuve de l'existence de ce fait, en convaincre et en faire punir le coupable. »

Si quelque doute pouvait exister, il disparaîtrait complétement devant la disposition de l'art. 3, qui ordonne de surseoir au jugement sur l'action civile jusqu'à ce qu'il ait été statué sur l'action publique : disposition évidemment inconciliable avec la pensée que l'action civile peut être anéantie par la prescription avant le jugement de l'action publique. Tenons donc pour constant que les actes de poursuite, émanés du ministère public, interrompent la prescription de l'action civile ; et que cette prescription ne prend cours qu'à partir du dernier de ces actes, ou de la sentence définitive qui en a été la suite.

La situation spéciale prévue par l'art. 3, que nous venons de rappeler, fait naître une question, dont la solution, nous l'avouerons, ne nous paraît guère embarrassante. Il peut se faire que le ministère public, après avoir mis l'action publique en mouvement, reste dans l'inaction et laisse la prescription s'accomplir. Cette prescription atteindra-t-elle également l'action en réparation pendante devant la juridiction civile. La négative nous semble certaine, et à l'abri de toute controverse sérieuse. Que la négligence du ministère public puisse nuire à la partie civile, quand elle a porté son action devant les tribunaux criminels, cela se conçoit, car elle a dû savoir qu'en agissant ainsi elle subordonnait le sort de cette action à celui de l'action publique. Mais dans notre hypothèse la survie de l'action civile dérive de la force même des choses et de la volonté expresse de la loi. L'inaction à laquelle la partie civile est condamnée ne saurait lui préjudicier : tant qu'elle n'a pas recouvré le libre exercice de ses droits, la prescription ne peut courir contre elle.

« Malgré la force des considérations qui ont fait admettre que l'action civile ne peut être exercée qu'après l'extinction de l'action publique, dit M. de Villeret, n° 367, on ne saurait aller jusqu'à dire qu'elle lui soit subordonnée d'une manière si absolue que son exercice dépende de la volonté même de la partie poursuivante. »

Quelle influence un arrêt par coutumace doit-il exercer sur la prescription de l'action civile? Si l'action civile a été jointe à l'action publique, il n'est pas douteux que les condamnations civiles, tout aussi bien que les condamnations pénales, seront anéanties par la représentation du condamné.

Dans l'hypothèse contraire, l'arrêt coutumaciel rend à la partie lésée le libre exercice de ses droits, et lui permet de s'adresser à la juridiction civile pour obtenir les dommages-intérêts qui lui sont dus. Si elle reste dans l'inaction pendant dix années, cette inaction purement volontaire amène l'extinction de l'action civile.

§ II. — *Effet des actes accomplis par la partie civile devant la juridiction criminelle*

En général, les actes de la partie civile sont sans influence sur l'action publique. La règle comporte cependant quelques exceptions:

1° La citation directe du prévenu, devant le tribunal de police ou devant le tribunal correctionnel, est interruptive de la prescription de l'action publique, car elle met cette action en mouvement et saisit la juridiction répressive.

2° La plainte déposée par la partie lésée, quand cette partie déclare formellement se porter partie civile, et qu'elle fait l'avance des frais nécessaires au procès, doit être également considérée comme interruptive de la prescription de l'action publique, si l'on admet (et c'est l'opinion qui tend à prévaloir), qu'elle mette le ministère public dans la nécessité d'agir.

Si l'on admettait, au contraire, que le ministère public ne fût pas tenu d'exercer des poursuites, la prescription de l'action publique ne serait certainement pas interrompue : mais n'y aurait-il pas, au moins interruption de la prescription de l'action civile ? M. Mangin l'a soutenu : « L'inaction du ministère public, dit-il au n° 365, n'empêche pas que la partie civile n'ait fait ce que la loi lui indiquait de faire pour exercer son action, et conséquemment pour la conserver. Sur le refus du ministère public d'y donner suite, elle a le droit de s'adresser aux tribunaux civils et de se prévaloir de sa plainte, en l'invoquant comme un acte interruptif de la prescription. »

Cette opinion, partagée par M. Legraverend et par M. Favard de Langlade, qui la restreint toutefois aux matières criminelles, nous paraît inadmissible. Les actes de la partie lésée ne peuvent interrompre la prescription qu'autant qu'ils constituent des actes d'instruction ou de poursuite ; or, ils ne revêtent ce caractère que lorsqu'ils ont pour effet de saisir la juridiction répressive. Ajoutons que la doctrine que nous rejetons aurait cet inconvénient capital de créer deux prescriptions distinctes, l'une pour l'action publique, l'autre pour l'action civile

L'appel que la partie lésée peut interjeter, le pourvoi qu'elle peut former contre la décision rendue, ne peuvent porter que sur ses intérêts privés (art. **202** I. Cr. 408, 413); ils sont sans influence sur l'action publique, mais ils conservent certainement l'action civile. La survie de l'action civile à l'action publique, dérive ici de la volonté même du législateur.

L'opposition formée par la partie civile aux ordonnances du juge d'instruction, relatives aux faits de la prévention (art. 135), interrompt la prescription, non-seulement de l'action civile, mais aussi de l'action publique : les termes de l'art. 135 sont absolus et ne restreignent pas les effets de l'opposition à la seule conservation des intérêts privés.

§ III. — *Effets des actes effectués par la partie civile devant les tribunaux civils.*

Quand le ministère public est resté dans l'inaction, et que la partie civile a intenté des poursuites devant la juridiction civile, ces poursuites interrompent-elles la prescription de l'action publique? N'interrompent-elles pas, tout au moins, la prescription de l'action civile? Nous n'hésitons pas à résoudre négativement les deux questions que nous venons de poser. — L'action civile doit toujours être exercée, sauf le cas de mort ou de condamnation du prévenu, avant l'extinction de l'action publique ; et cette dernière action ne peut être conservée que par les actes d'instruction ou de poursuite (art. 637). Or, les divers actes, auxquels convient cette dénomination, ne peuvent se produire que devant la juridiction criminelle.

Vainement quelques auteurs, et notamment M. Cousturier, s'appuient-ils, pour soutenir un système contraire à celui que nous adoptons, sur l'art. 10 du Code de brumaire, d'après lequel les poursuites, soit au civil, soit au criminel, conservaient l'une et l'autre action. Vainement, prétendent-ils, que les travaux préparatoires ne révèlent nullement, de la part du législateur de 1808, l'intention d'abroger cette disposition. Tous leurs efforts d'argumentation, si ingénieux qu'ils puissent être, viennent se briser devant la différence de rédaction que présente l'art. 637 et cet art. 10 du Code de l'an IV. Que l'on recoure aux discussions qui ont précédé la loi quand elle est équivoque ou obscure, rien de mieux ; mais ici son texte est clair et précis, et l'argument purement négatif que fournissent les travaux préparatoires est dénué de valeur.

D'ailleurs, il faut le reconnaître, le système du Code de brumaire était essentiellement vicieux, et le code actuel a bien fait de ne pas le consacrer. Le ministère public est seul maître de l'action publique, et il paraît exorbitant que le fait d'un simple particulier, agissant dans un intérêt privé, puisse conserver cette action.

Sans doute, l'action en réparation qui procède d'un fait délictueux est, ainsi que nous l'avons dit, soumise, comme les actions ordinaires, à la règle *Actiones semel inclusæ judicio salvæ permanent,*

quand elle est intentée devant la juridiction civile.
Mais il n'y a point là une véritable interruption,
mais seulement une sorte de suspension commandée
par les nécessités de la procédure, et qui n'empêche-
rait pas la prescription d'avoir suivi son cours,
si la péremption de l'instance venait à être prononcée.

TROISIÈME PARTIE.

DE LA PRESCRITION DES PEINES.

SECTION I.

Délais de la prescription.

La prescription de la peine, ainsi que nous l'a-
vons démontré dans la première partie de notre
travail, repose sur les mêmes principes que la
prescription de l'action. Elle dérive, comme cette
dernière, de la théorie fondamentale du droit de punir ; elle est, comme elle, la conséquence, le résultat de l'oubli social qu'engendre la marche inévitable du temps.

Toutefois, comme les souvenirs sont fixés d'une
manière plus durable et que le besoin de l'exemple
disparaît moins promptement, quand une décision
judiciaire est intervenue, on comprend que les
délais de la prescription de la peine doivent être
plus longs que ceux de la prescription de l'a -
tion.

Ces délais sont de vingt ans, de cinq ans ou de deux

ars, selon qu'il s'agit de condamnations rendues en matière criminelle correctionnelle ou de police. (A. 635-636-639).

Ici reparaît la question que nous avons déjà vu surgir en traitant de la prescription de l'action ; à quoi faut-il s'attacher pour déterminer la nature de la condamnation? Est-ce à la qualification légale des faits qui ont motivé la sentence? Est-ce, au contraire, uniquement et exclusivement, à la nature de la peine? C'est dans ce dernier sens que nous nous prononçons, et de la façon la plus absolue : nous ne croyons pas devoir reproduire ici la distinction que nous avons faite à propos de l'action publique. Quelle que soit la cause qui ait amené un abaissement de pénalité, nous appliquerons la prescription de vingt ans si la peine prononcée est au rang des peines criminelles, celle de cinq ans, si elle est au rang des peines correctionnelles ; celle de deux ans, si elle ne constitue qu'une peine de simple police.

Que l'on ait égard à la gravité légale du fait délictueux, quand il s'agit de fixer la durée de l'action, cela se conçoit ; mais dès qu'il s'agit de déterminer pendant quel espace de temps la peine peut être ramenée à exécution, il paraît naturel et logique de ne considérer que la nature de cette peine, derrière laquelle s'efface et disparaît l'infraction qui l'a motivée.

Ainsi que le dit si bien M. Ortolan, n° 1896 : « La situation est ici différente de celle relative à l'action publique ; telle la peine portée par la sentence, tel le droit de la société, quant à son exéention, et tel aussi son intérêt ; l'un évidemment ne peut pas dépasser l'autre. »

L'opinion que nous adoptons n'a pas été consacrée par la jurisprudence, qui s'est appuyée sur les expressions des articles 635 et 636 : « peines en matière criminelle, peines en matière correctionnelle... » pour décider, que c'est la qualification légale des faits, qui ont motivé la sentence, qui doit servir à déterminer la durée de la prescription.

Cet argument de texte est insuffisant pour justifier une doctrine que la raison condamne. Nous ne saurions mieux faire que de reproduire la réponse qui y a été faite par M. Ortolan, n° 1896, note. « Nous ferons remarquer, dit-il, sans y attacher plus d'importance, que nous n'en mettons à de pareilles observations de texte, que suivant les expressions mêmes de notre code pénal, les peines en matière criminelle sont exclusivement celles que nous appelons *brevitatis causâ*, peines criminelles, (art. 6, 7, 8, C. P.), et les peines en matière correctionnelle, exclusivement celles que nous appelons peines correctionnelles (A. 9). D'où il suit qu'on se tient rigoureusement dans les expressions et dans les énumérations du code pénal, en disant que dès que les peines s'abaissent au-dessous de l'ordre indiqué, elles ne sont plus, en matière criminelle ou correctionnelle. Pour nous, cela prouve du moins, que ces expressions n'ont pas la portée qu'on leur attribue trop souvent. »

Le classement établi par le Code d'instruction ne comprend ni l'amende, ni les confiscations spéciales, ni les condamnations à l'affiche ou a la publication dans les journaux des sentences prononcées. Ce sont là, en effet, des peines ou des mesures communes. La durée de la prescription se réglera, quant à elles, sur l'ordre des peines principales. *Accessorium sequitur principale.*

Aux termes de l'article 642 : « les condamnations civiles portées par les arrêts ou jugements rendus en matière criminelle correctionnelle, ou de police se presciront d'après les règles établies par le code civil ; » C'est à dire par 30 années. (Art. 2262, C. N.) Ces condamnations n'ont en effet aucun caractère pénal ; et il n'y avait, dès lors, aucune raison pour les soustraire au droit commun.

Il faut entendre par condamnations civiles, les dommages-intérêts, les restitutions et les frais.

SECTION II

Du point de départ de la prescription

La prescription de la peine, ayant pour objet de suspendre le droit d'exécution, ne devrait commencer qu'après que ce droit a pris naissance. Cette règle, que la logique commandait, n'a pas été rigoureusement suivie par le code d'instruction.

Voici le système qu'il a établi : — Quand il s'agit de jugements ou arrêts rendus en dernier ressort (en matière criminelle,[1] correctionnelle ou de police), la prescription de la peine court à compter de la date de ces arrêts en jugements. On sait, au contraire, que le droit d'exécution ne s'ouvre serpu,nb l'expiration du délai de trois jours accordé au condamné pour se pourvoir en cassation, ou résap le rejet du pourvoi.

L'article 635 n'établissant aucune distinction entre les condamnations contradictoires et les condamnations contumacielles, le point de départ de la prescription sera le même pour les unes et pour les autres, bien que l'arrêt contumaciel ne produise ses effets, en général, qu'au moment de l'exécution par effigie.

A l'égard des jugements rendus en premier ressort par les tribunaux correctionnels ou de simple police, la prescription ne court que du jour où ils ne sont plus susceptibles d'appel. Son point de départ coïncide ici avec la naissance du droit d'exécution, sauf une exception qui nous paraît découler du rapprochement des articles 636 et 205 : aux termes de ce dernier article, le procureur général, en matière correctionnelle, a la faculté d'interjeter appel pendant deux mois ; tant que ce délai n'est point expiré, la prescription de la peine ne court pas ; on admet au contraire, que la mise à exécution est possible le onzième jour de la prononciation du jugement.

[1] L'expression de jugements en matière criminelle ne peut évidemment s'appliquer qu'aux décisions émanées de juridictions exceptionnelles, telles que les conseils de guerre et les tribunaux maritimes.

Les art. 636 et 639 ne parlent pas des jugements ou arrêts rendus par défaut : les peines qu'ils édictent se prescriront-elles à compter de leur date, ou seulement à compter du jour où l'opposition ne sera plus recevable ? La question ne peut se présenter, quand il s'agit d'un jugement par défaut en premier ressort, puisque le délai d'appel est suspensif du cours de la prescription, et que le délai d'opposition est plus court que lui et a le même point de départ. Mais que décider à l'égard des arrêts ou jugements en dernier ressort, rendus par défaut ? La prescription, à leur égard, ne commencera-t-elle qu'au moment où la voie de l'opposition ne pourra plus être employée ?

Il nous paraît impossible de le décider ainsi, car il est de principe constant en matière pénale que le silence de la loi doit s'interpréter dans un sens favorable au condamné.

Nous avons vu que l'arrêt contumaciel fait cesser, comme l'arrêt contradictoire, la prescription de l'action et donne ouverture, à compter même de sa date, à la prescription de la peine. Quelle sera la durée de cette dernière prescription ? L'article 476 ne le dit pas et se réfère par son silence aux principes généraux : la durée de la prescription sera donc de vingt ans ou de cinq ans, selon que la peine prononcée sera afflictive ou infamante, ou simplement correctionnelle. Il peut arriver, en effet, que la cour d'Assises, reconnaissant que le fait incriminé ne constitue qu'un délit, prononce une peine de cette dernière nature.

L'opinion que nous venons d'émettre est admise par la presque unanimité des criminalistes, et sanctionnée par la cour de cassation. (1)

Le même accord est loin d'exister sur la question suivante : lorsque le contumax a été condamné à une peine criminelle et qu'il ne se constitue prisonnier ou n'est arrêté que cinq ans après la condamnation, peut-il se prévaloir de la prescription, si les débats font dégénérer le fait en simple délit? La cour de cassation a consacré la solution affirmative par de nombreux arrêts, et c'est dans le même sens qu'elle a résolu une question analogue, que nous avons indiquée en traitant de la rétroactivité des lois relatives à la prescription, mais dont nous avons réservé l'examen. Elle a décidé, en effet, que le contumax est recevable à invoquer la prescription quinquennale, lorsqu'une législation nouvelle est venue convertir en délit le fait qui avait été puni comme crime par l'arrêt contumaciel.

Nous croyons utile pour faire apprécier cette jurisprudence de transcrire ici les considérants de l'un des nombreux arrêts qui l'ont établie :

«Attendu qu'aux termes de l'article 476 ins. crim. le contumax peut prescrire la peine prononcée contre lui : que si mal à propos on l'a condamné à une peine afflictive et infamante, tandis qu'il n'aurait dû être puni que de peines correctionnelles, sa condition ne doit pas en souffrir, que la déclaration du jury intervenue après des débats contradictoires, fixe seule d'une manière irrévocable le

____

(1) Cass. 5 août 1825

véritable caractère des faits ; que si, d'après cette déclaration, les faits ne sont punissables que de peines
correctionnelles, la peine correctionelle se substitue
fictivement à la peine afflictive et infamante écrite
dans l'arrêt de contumace, et doit s'éteindre par le
laps de temps déterminé par la loi pour la prescrip
tiondes peines correctionnelles. »

L'arrêt du 29 novembre 1830, qui statue sur la
seconde question, repose sur la même idée que le
précédent, à savoir, que le contumace n'étant pas
sible à l'issue des débats que d'une peine correctionnelle, est censé avoir prescrit cette peine à
partir de l'arrêt contumaciel. [1]

Cette double jurisprudencenous paraît, ainsi que
nous l'avons déjà dit, en opposition formelle avec le
texte et avec l'esprit de la loi. Elle est en opposition avec le texte : car l'article 635 décide expressément, que la condamnation à une peine afflictive
ou infamante, prononcée contradictoirement ou par
coutumace, ne sera prescrite qu'après vingt années
révolues. Pour écarter l'application de cet article, la
cour de cassation est obligée de recourir à une fic-
tion purement arbitraire et contraire à la réalité :
or, les fictions en droit ne doivent jamais prévaloir
sur les réalités. L'esprit de la loi n'est pas moins con-
traireque sa lettre à la doctrine de la cour suprème.
Les considérations d'équité quisemblent l'avoir ins-
pirée sont dénuées de valeur, car lorsqu'on étudie
l'ensembledes dispositions qui régissent la coutu-

[1] Cass. 9 juillet 1859.

mace, on arrive à cette conviction qu'il faut, pour se conformer à l'intention du législateur, « subordonner l'intérêt du condamné à celui de la société, si ces deux intérêts sont inconciliables. [1] »

Rappelons que nous avons admis, en traitant de la prescription de l'action, que le condamné par coutumace ne serait pas fondé à se prévaloir des irrégularités de la procédure coutumacielle pour soutenir que l'article 476 lui est inapplicable, et qu'il peut invoquer la prescription de l'action.

Quand le condamné à une peine privative de liberté s'est évadé après avoir subi une partie de sa peine, la prescription ne prend naissance qu'à compter de l'évasion. Le code ne prévoit pas cette hypothèse : mais la solution que nous donnons est incontestable, sinon incontestée : il est évident, en effet, que la prescription ne peut courir contre le droit d'exécution, pendant que ce droit est exercé.

La question du *dies à quo* se présente pour la prescription de la peine, comme pour la prescription de l'action. Il faut admettre, comme conséquence des principes que nous avons posés, que le jour de l'arrêt ou du jugement, qui a prononcé une peine (ou le jour de l'évasion survenue après une exécution partielle de la peine), doit être compté dans le délai.

[1] M. Cousturier n° 66, sic M. Brun de Villeret n° 101 et n° 22

SECTION III

Des peines imprescriptibles.

La prescription de la peine n'étant autre chose que l'extinction par un certain laps de temps du droit d'exécution, il en résulte que les peines qui ne se traduisent par aucun acte extérieur, et qui produisent leurs effets par la puissance même de la loi, par le seul fait du jugement, ne sont pas susceptibles de se prescrire.

Les peines qui présentent ce caractère sont celles qui consistent dans la déchéance de certaines facultés, dans la privation de certains droits. L'incapacité, qui en dérive pour le condamné, s'attache à sa personne d'une façon permanente et continue, et ne saurait recevoir du temps aucune atteinte. Vainement réussirait-il à la dissimuler, vainement parviendrait-il à exercer les droits dont il a été déclaré indigne ; cette dissimulation et cet exercice si prolongés qu'ils pussent être, seraient dénués de toute influence, car l'état des personnes ne peut ni se perdre ni s'acquérir par prescription.

Doivent être déclarées imprescriptibles en vertu des observations précédentes : 1° les incapacités spéciales substituées à la mort civile par la loi du 31 mai 1854 ; 2° la dégradation civique ; 3° l'interdiction des droits civils énumérés dans l'article 42 du Code pénal ; 4° la surveillance de la haute police.

Cette dernière peine apporte de notables restrictions à la liberté individuelle du condamné ; et le constitue dans un état de déchéance juridique, tout-à-fait analogue à celui qui résulte des autres peines privatives de droits. Aussi les auteurs les plus éminents et la cour de cassation n'ont-ils pas hésité à proclamer qu'elle échappe par sa nature à toute prescription. « Qu'elle soit à vie, qu'elle soit temporaire, disent MM. Chauveau et Faustin Hélie t. 1 p. 730, son exécution est indépendante des mesures facultatives, attribuées par la loi à l'autorité administrative ; la suspension de ces mesures ne peut donc constituer un droit pour le condamné, la peine est continue et parconséquent imprescriptible: elle n'a d'autre terme que celui marqué par le jugement ou la loi. »

SECTION IV

Des causes qui forment obstacle au cours de la prescription de la peine.

Le code d'instruction criminelle n'établit aucune cause interruptive de la prescription de la peine ; son silence, à cet égard, est facile à justifier, car si la nécessité de l'interruption se conçoit, alors qu'il s'agit de rechercher, de rassembler les preuves, de parvenir à la découverte de la vérité, qui souvent n'est que le prix de laborieux efforts ; elle ne se conçoit plus au contraire, quand, le crime étant constaté et la culpabilité reconnue, la société n'a plus qu'à faire exécuter la condamnation prononcée.

Les actes d'exécution seuls peuvent mettre obstacle à la prescription de la peine : cet effet ne leur est pas expressément attribué par la loi, mais il dérive de la force même des choses ; car il est évident que tant qu'un droit est exercé, il n'est pas susceptible de se prescrire.

La règle que nous venons de formuler s'applique aux peines pécuniaires tout aussi bien qu'aux peines corporelles. De ce que la création de la dette ou la translation de propriété, en cas d'amende ou de confiscation prononcée, s'opèrent de plein droit, par le seul fait de la sentence devenue irrévocable, et grèvent désormais le patrimoine, on aurait tort de conclure que les actes relatifs à la mise à exécution devront être régis par les principes du droit civil. Dès lors, en effet, que l'origine pénale de ces peines leur fait appliquer les délais de la prescription criminelle, elle doit, logiquement, leur faire appliquer toutes les autres règles de cette prescription.

La cour de Cassation a consacré l'opinion que nous émettons en rejetant le 17 juin 1835 le pourvoi formé contre un arrêt de la cour de Poitiers, qui avait décidé qu'un acte de poursuite tel qu'un commandement, n'interrompt pas la prescription d'une peine pécuniaire.

Il n'existe aucune indivisibilité, en ce qui touche la prescription, entre les diverses condamnations prononcées contre le même individu et par le même jugement. L'exécution de l'une n'interrompt pas la prescription de l'autre ; ainsi, l'exécution de la peine d'emprisonnement ne forme point obstacle à la prescription de l'amende.

Puisque l'exécution de la peine met obstacle au cours de la prescription, il faut nécessairement décider, ainsi que nous l'avons déjà fait d'ailleurs dans notre deuxième section, que le délai, pour prescrire, ne commence à courir, au profit du condamné évadé, qu'à compter du jour de l'évasion.

Quelques auteurs soutiennent cependant, en argumentant judaïquement des articles 635, 636 et 639, que le point de départ de la prescription doit toujours se reporter à la date de l'arrêt ou du jugement. Mais cette opinion se condamne par ses propres conséquences: il en résulterait, en effet, que le condamné aux travaux forcés à perpétuité, qui s'évaderait vingt ans après sa condamnation, acquerrait immédiatement le bénéfice de la prescription.

L'interruption de fait, qui résulte des actes d'exécution, doit-elle, quant à ses effets, être assimilée à l'interruption de droit? Efface-t-elle, comme cette dernière, tout le temps qui a pu courir? Ou permet-elle au contraire de compter ce temps dans le calcul de la prescription, si celle-ci vient à reprendre son cours? Il n'est peut-être pas sans utilité d'élucider et de préciser la question au moyen d'une espèce : un condamné à une peine correctionnelle réussit à prendre la fuite ; quatre ans après son évasion il est arrêté, puis il s'échappe de nouveau ; après quel laps de temps pourra-t-il se prévaloir de la prescription ?

Après cinq années seulement, devrons-nous répondre, si nous attribuons à l'interruption de fai les mêmes effets qu'à l'interruption de droit. Au bout d'une année, devrons-nous dire, si nous repoussons l'assimilation indiquée. C'est dans le premier sens que nous nous prononcerons. En l'absence de toute disposition législative, la raison et le sens intime doivent seuls nous servir de guides: or, ils nous paraissent entièrement favorables à la solution que nous adoptons. Le système adverse, enseigné par M. Cousturier et par M. Brun de Villeret qui n'attribuent à l'exécution qu'un effet suspensif, est tout-à-fait contraire à l'intérêt social : il encourage en effet les malfaiteurs à répéter et à multiplier leurs tentatives d'évasion, puisqu'il aboutit fatalement à cette conséquence que le condamné, qui n'aura été arrêté qu'à la dernière limite du délai, pourra se prévaloir de la prescription, s'il parvient à se soustraire, pendant un très court espace de temps, à l'exécution de la peine.

La difficulté que nous venons d'examiner se présente pour les peines pécuniaires, comme pour les peines privatives de liberté. Nous la résoudrons dans le même sens ; et nous déciderons, en conséquence, que si les saisies opérées à fin de recouvrement n'ont produit qu'une somme inférieure au montant de l'amende, la prescription à l'égard de ce qui reste dû ne prendra cours qu'à compter de ce paiement partiel.

Il n'existe pas plus de causes suspensives de la prescription de la peine que de causes interruptives. Si donc un condamné à mort évadé était repris peu de temps avant l'expiration des délais et que ces délais vinssent à s'accomplir pendant que l'on procède à la contestation de son identité, la prescription lui serait acquise, malgré l'impossibilité où se serait trouvé le ministère public de faire exécuter la peine.

SECTION V.

Effets de la prescription

La prescription, comme la grâce, libère le condamné de l'exécution de la peine, soit corporelle, soit pécuniaire, mais elle laisse subsister, comme elle, les conséquences juridiques de la condamnation, soit au point de vue des incapacités qui en dérivent, soit au point de vue de l'application ultérieurement possible des dispositions concernant la récidive.

Elle ne diffère de la grâce, qu'en ce qu'elle empêche le condamné de pouvoir jamais prétendre à la réhabilitation.

Aux termes de l'article 635, deuxième alinéa, le condamné pour crime qui a prescrit sa peine, « ne pourra résider dans le département où demeureraient, soit celui sur lequel ou contre la propriété duquel le crime aurait été commis, soit ses héritiers directs. Le gouvernement pourra lui assigner le lieu de son domicile. »

« Le législateur, disait le conseiller Réal dans l'exposé des motifs, ne doit pas oublier que le forfait vit encore dans la mémoire de ceux qui en furent victimes ; et la prescription serait une institution barbare, si son résultat pouvait être tel qu'à une époque quelconque le fils d'un homme assassiné dût voir s'établir à côté de lui le meurtrier de son père. »

La disposition de l'article 635 n'offre d'utilité que dans le cas où c'est un condamné à mort où à une peine afflictive perpétuelle, qui bénéficie de la prescription.

La loi, en effet, a attaché de plein droit la surveillance de la haute police aux peines criminelles temporaires, et cette surveillance constituant, ainsi que nous l'avons dit, une véritable déchéance d'état, survit, comme la dégradation civique, à la libération par prescription.

APPENDICE

Des prescriptions établies par les lois particulières — Règles générales.

Art. 643. « Les dispositions du présent chapitre ne dérogent point aux lois particulières relatives à la prescription des actions résultant de certains délits ou de certaines contraventions, » ajoutez, non prévus par le code pénal ; car, à l'égard de toutes les infractions qui ont trouvé place dans ce code, les lois spéciales sont abrogées et les seuls délais de prescription applicables sont ceux du code d'instruction.

La disposition de l'art. 643 n'est qu'une application du principe. « *Specialibus generalia non derogant.* » Aussi n'est il pas douteux qu'elle ne doive régir les crimes, comme les délits et les contraventions, la prescription de la peine comme la prescription de l'action.

Les lois particulières se bornent, pour la plupart, à fixer le délai dans lequel les actions devront être intentées. Les autres points relatifs à la prescription, sur lesquels elles gardent le silence, seront soumis aux règles établies, non par la loi générale en vigueur à l'époque de leur promulgation, mais par le code d'instruction, qui a remplacé cette loi générale.

Ainsi, en l'absence d'une disposition contraire, la prescription commence du jour même de l'infraction, elle s'applique à l'action civile comme à l'action publique ; elle doit être suppléée d'office, et tous les actes d'instruction ou de poursuite en interrompent le cours.

On sait que l'interruption a pour effet de donner à la prescription un nouveau point de départ, mais n'en modifie nullement la durée. « Interrompre la prescription, dit M Troplong, n° 536, c'est lui apporter un obstacle qui rende inutile le temps écoulé et la force à recommencer, comme si elle n'avait jamais eu de principe d'existence. » Le délai requis pour la prescription reste donc après l'interruption ce qu'il était auparavant, à moins que son extension ne soit consacrée par une disposition formelle, comme celle de l'article 29 de la loi du 26 mai 1819.

Ces principes, qui ne paraissent pas susceptibles de controverse, doivent être appliqués aux prescriptions particulières. La cour de cassation y apporte pourtant une dérogation, pour le cas où la juridiction répressive a été saisie de la connaissance du délit, dans le délai fixé par la loi spéciale. Dans ce cas, mais dans ce cas seulement, elle admet que la durée de la prescription n'est plus soumise qu'aux règles du droit commun.

S'agit-il par exemple d'un délit forestier, prescriptible par trois mois ou six mois aux termes de l'article 185 du Code forestier. Dès que l'action est intentée, la prescription ne peut plus s'accomplir que par la discontinuation des poursuites pendant trois années.

« Dans le silence de la loi sur le temps requis
« pour la prescription des poursuites auxquelles
« donnent lieu les délits soumis à des prescriptions
« particulières, il faut nécessairement, dit la Cour
« de Cassation, se reporter aux dispositions géné-
« rales du Code d'instruction criminelle ; or, aux
« termes des art. 637 et 638, la péremption en ma-
« tière correctionnelle ne peut être requise que
« lorsque les poursuites ont été interrompues pen-
« dant trois années [1]. »

[1] Cass., 6 fév. 1810. — Sic, 6 fév. 1824, 20 sept. 1828, 8 mai 1830, 1er mars 1832, 1er février 1833, 16 août 1844.

Cette jurisprudence, qui ne s'est point établie sans résistance de la part des cours d'appel, repose sur cette base unique, „qu'il existe une péremption d'instance en matière criminelle comme en matière civile : idée erronée, que la Cour de cassation a condamnée elle-même dans des arrêts que nous avons précédemment relatés. — Devant les tribunaux répressifs, l'instance ne communique jamais sa durée à l'action, c'est toujours, au contraire, l'action qui communique sa durée à l'instance.

La doctrine de la Cour de cassation ne peut s'appuyer, d'ailleurs, ni sur le texte, ni sur l'esprit des lois particulières. Ces lois se bornent généralement à dire que l'action sera prescrite après tel délai (C. F. 185). Or, le mot action ne comprend pas seulement la citation, mais bien tous les actes au moyen desquels on arrive à faire constater son droit en justice. Il est donc contraire au texte de distinguer deux périodes dans la prescription des délits spéciaux : l'une, dans laquelle l'assignation devrait être donnée et qui serait régie par la prescription spéciale ; l'autre, dans laquelle se produiraient les divers actes de l'instance et qui ne serait soumise qu'à la prescription du droit commun. Cette distinction est en opposition plus directe encore avec l'esprit qui a présidé à l'établissement des prescriptions particulières ; car, si les lenteurs et les difficultés que peuvent entraîner la constatation de l'infraction et la découverte du coupable n'ont pas empêché les législateurs de restreindre dans de très brefs délais la faculté d'exercer des poursuites, comment admettre que dans leur pensée ces délais ces-sent d'être applicables dès que l'action est intentée, c'est-à-dire, précisément à l'époque où leur brièveté présente le moins d'inconvénients !

La doctrine de la Cour de cassation est longuement réfutée par M. Cousturier, n° 118, et par M. Brun de Villeret, n°s 258 et sq. Nous pensons, avec ces deux criminalistes, que la nature des prescriptions particulières ne peut être modifiée par l'assignation donnée au prévenu.

Comment doit se faire le calcul des mois en matière de prescription ; doit-il se régler quantième par quantième, ou par période de trente jours ? La Cour de cassation s'est prononcée dans le premier sens par cinq arrêts rendus le 27 déc. 1811 ; c'est aussi dans ce sens que nous résoudrons la question : le calendrier grégorien ayant force de loi en France aux termes du sénatusconsulte du 25 fructidor an XIII, les mois doivent être pris, tels qu'ils sont réglés par ce calendrier, pour la supputation des délais, à moins d'une disposition contraire.

L'art. 132 du Code de commerce fournit, d'ailleurs, à l'appui de cette opinion, un argument décisif.

Il est bon toutefois de faire remarquer que les deux quantièmes ne doivent pas être compris dans le calcul : ainsi, un délai prescriptible par trois mois, commis le 1er janvier, serait prescrit le 31 mars à minuit. Si la prescription ne devait s'accomplir que le 1er avril, il en résulterait qu'elle serait de trois mois et un jour, ce qui ne pourrait avoir lieu qu'autant que le *dies a quo* devrait être exclu du terme. Or, on se rappelle que nous nous sommes ralliés au système de l'inclusion.

POSITIONS

—

DROIT ROMAIN

I. La règle *prior tempore, potior jure*, est applicable aux hypothèques constituées sur des biens à venir.

II. Le fisc n'a pas d'hypothèque privilégiée pour ses créances ordinaires.

III. Il n'est pas exact de dire, ainsi que le font quelques textes, que le droit d'un second créancier hypothécaire ne prend réellement naissance, qu'au moment de l'extinction de la première hypothèque.

IV. Le *jus offerendi* peut être exercé par le premier créancier.

V. Si plusieurs créanciers ont reçu hypothèque le même jour, mais à des heures différentes, sur le même objet, ils ne viennent point en concours.

DROIT CRIMINEL

I. La prescription criminelle dérive de l'absence d'intérêt social, après un certain laps de temps, à l'exercice du droit d'action ou du droit d'exécution.

II. En cas de conflit entre plusieurs lois successives sur la prescription, il faut appliquer la plus favorable au délinquant ou au condamné.

III. Le *Dies a quo* doit être compris dans les délais de la prescription.

IV. La poursuite, en matière de délits collectifs, peut embrasser des faits qui remontent à plus de trois années avant l'exercice de l'action.

V. L'abaissement de pénalité, qui résulte de l'admission des circonstances atténuantes, est sans influence sur les délais applicables à la prescription de l'action publique.

VI. Il en est autrement de l'abaissement de pénalité déterminé par l'âge du coupable, ou par l'admission d'une excuse légale.

VII. Les actes d'instruction ou de poursuite, accomplis plus de trois ans ou plus de dix ans après le délit ou le crime, ne sont point interruptifs.

VIII. L'action civile est soumise à la prescription fixée par le code d'instruction, alors même qu'elle est intentée devant la juridiction civile.

IX. Les poursuites, exercées par la partie civile devant la juridiction civile, n'interrompent ni la prescription de l'action publique, ni celle de l'action civile.

X. Les délais nécessaires pour la prescription d'une peine se déterminent uniquement d'après la nature de cette peine.

XI. Le contumace, condamné à une peine afflictive ou infamante, est irrecevable à se prévaloir de la prescription quinquennale lorsque les débats contradictoires, qui suivent son arrestation, font dégénérer le fait en simple délit.

DROIT CIVIL

I. Un mineur peut reconnaître son enfant naturel.

II. L'enfant qui naît moins de 180 jours après le mariage est légitime.

III. L'article 299 C. N. est applicable à la séparation de corps.

IV. Les donations entre époux sont révocables pour cause d'ingratitude.

DROIT COMMERCIAL

I. Les remises par concordat ne sont pas sujettes à rapport.

II. La transcription, effectuée postérieurement au jugement déclaratif de faillite, conserve le privilége du vendeur.

DROIT DES GENS

I. Le droit de visite ne peut être exercé par les belligérants à l'égard des navires neutres, qui sont convoyés par des bâtiments de guerre.

II. Les délits commis à bord d'un bâtiment marchand étranger, entré dans le port d'un état quelconque, relèvent-ils de la juridiction de cet état? Il faut distinguer.

I. L'origine du colonat est dans l'application des barbares vaincus à la culture des terres.
II. Les fiefs ont une origine germanique.

Vu par le président de la thèse,
F. RATAUD.

Vu par l'inspecteur général,
CH. GIRAUD.

Vu et permis d'imprimer,
LE VICE-RECTEUR,
MOURIER.

Abbeville. — Imprimerie de P. Briez.

Abbeville. — Imprimerie P. Briez.